병원에서 언어재활사로 살아남기

-희로애락(喜怒哀樂)편-

병원에서 언어재활사로 살아남기

-희로애락(喜怒哀樂)편-

발행일 2023년 1월 6일 발행인 이진숙
지은이 강영애 · 이승진 · 김현주 · 김재옥 · 조서연 · 정고은 · 이담희
펴낸곳 충남대학교출판문화원 주소 대전광역시 유성구 대학로 99
전화 042-821-6045 홈페이지 www.cnupress.co.kr E-mail cnupress@cnu.ac.kr

ISBN 979-11-6503-183-1 03510
정가 10,000원

병원에서 언어재활사로 살아남기

-희로애락(喜怒哀樂)편-

강영애 · 이승진 · 김현주 · 김재옥
조서연 · 정고은 · 이담희

충남대학교출판문화원

들어가는 말

문뜩 그런 날이 있다. 바쁘면서 익숙한 나날이 흘러가다가 갑자기 나 홀로 시간의 격류에서 격리된 듯 하루가 느리게 느껴지는 날. 손에 익은 일이 너무나 익숙하여 머릿속으로는 전혀 다른 생각을 하면서 정확하게 일을 하는 특이한 날. 매일같이 보아온 출근길과 퇴근길의 풍경과 저마다 사연을 안고 살아가는 수많은 사람을 마치 극장에 온 관객처럼 관조하게 되는 때가 있다. 그러다가 어제와 오늘이 너무나 똑같다는 걸 깨닫는다. 어제 먹은 점심 식단이 기억나지 않는 것처럼 내 인생의 부분이 의미 없는 것처럼 나 자신도 잊게 되는 순간이다.

'나'라는 사람이 공허함으로 가득하다고 여겨졌다. 그래서 지금까지 걸어온 인생을 되돌아봐야겠다는 결심을 했다. 부족한 글솜씨지만 지금까지 내가 병원에서 언어재활사로 지낸 여정을 한 번 써보려 했다. 쉽지 않았다. 진솔하게 자신의 이야기를 풀어낸다는 것이 생각처럼 쉬운 일이 아니었다. 작업이 생각보다 더뎌지면 괜히 짜증이 나고 잡념이 드는 법이다. 의욕적으로 시작한 나 자신을 돌아보는 회고록은 첫 문단도 다 쓰지도 못한 채 제쳐두고 나는 다시 일상으로 돌아왔다. 그러나 미뤄둔 글은 점차 내 마음의 한구석에 자리 잡더니 어느새 미련으로 남았다.

생각지도 못한 곳에서 새로운 발상이 떠오르는 법이다. 내가 근무하는 병원이 분원을 내면서 3일간 분원 언어재활사 선생님의 업무교육을 하게 된 적이 있었다. 언어재활사 중에서도 음성 언어치료 분야는 마이너 분야여서 전문적으로 음성장애를 담당하는 언어재활사의 수는 적다. 그렇다 보니 지역사회에서 공통의 관심사를 같이 나눌 동료 치료사를 만나기 어렵다. 기껏해야 일 년에 두어 번 참석할까 말까 한 음성치료 학술대회장에서 만나는 것이 고작이다. 가뭄에 단비 같은 만남이지만 매일매일 경험하는 병원생활의 희로애락(喜怒哀樂)을 나누기에는 턱없이 짧은 시간이다. 이번에 만난 선생님은 상황이 조금 다르지만, 병원생활의 경험을 공유할 수 있는 음성장애 분야의 동료라는 점에서 반가웠다. 그러나 회포를 풀기에는 교육자로 이수해주어야 하는 업무가 우선이었고, 3일은 내가 아는 모든 걸 가르치고 알려주려고 노력하였음에도 턱없이 부족한 시간이었다. 병원에서 환자와 마주한다는 것은 회색 벽 안의 작은 세계에서 배운 것과 매우 다르다는 것을, 직접 겪을 수많은 사건과 이야기에 지치고 주저앉고 싶을 일이 많다는 것을, 그래도 다시금 용기를 내어 도전할 수 있다는 점을 알려주고 싶었다. 그러나 나의 부족한 능력으로는 능숙하게 나의 성찰을 자연스럽게 교육에 녹아낼 수 없었다. 그래서 글을 다시 쓰기로 했다.

누군가를 위해서, 무엇을 위해서가 명확해지자 글쓰기에 의욕이 다시 샘솟았다. 하지만 이 거대한 세계에서 나 하나는 너무나 작은 존재다. 병원 안에서 형성되어 있는 수많은 직업군 중 넓다고 할 수 없는 언어재활사의 세계에서 나는 하나의 기준이 되어줄 만한 그런 큰 인물이 아니었다. 나조차도 대학원 1기라는 자랑스러운 명함이 함축한 그늘에 매 순간 고생하지 않았던가? 앞에서 이끌어주거나 정답을 보여준 선배가 없으니 직접 도전하고 무수한 실패를 경험하면서 조심스럽게 지금의 위치까지 도달하였다. 나의 언어재활사 생활은 실패와 도전의 연속일 뿐이었는데, 이는 뒤이어 올 사람을 위한 가르침이라기보다는 열악한 환경의 선배세대가 후배세대에게 일방적으로 설파하는 공허한 정신론에 불과하게 될 것 같았다. 그러니 도움을 얻기로 했다. 동료 선생님의 도움으로 병원에서 근무를 희망하는 언어재활사 후배를 위한 조언을 남기기로 말이다. 나 하나의 경험을 엮은 책은 고작 개인의 주장에 불과하지만, 모두의 경험을 엮은 책은 뒷세대를 위한 안내서가 될 수 있다.

음성치료를 담당하는 음성 언어재활사를 모아 우리의 병원생활을 써보자는 나의 제안에 여러 선생님이 동의하였다. 그렇게 여러 선생님의 협력에 힘입어 구상을 실현할 수 있었다. 첫술에 배부를 수는 없는 법이라 첫 저술에 여러 시행착오를 겪었다. 부디 진솔하게 담아내려 한 여러 선생님의 경험이 뒤따라올 후배에게 이정표가 되어주었으면 한다.

나의 부족한 구상에 글을 보태어 준 여러 동료 선생님들께 감사할 따름이다. 본인의 경험을 글로 공유한다는 것이 쉽지 않은 결정이었을 텐데 모든 분이 후배 언어재활사를 위한 마음으로 동참해 주셨다. 한림대학교 이승진 교수님, 땡큐서울이비인후과의원 김현주 선생님, 강남대학교 김재옥 교수님, 강북삼성병원 조서연 선생님, 서울아산병원 정고은 선생님과 이담희 선생님께 다시 한번 감사를 표한다. 그리고 책의 출판을 흔쾌히 허락해 주신 충남대학교출판문화원 원장님과 모든 직원분께 깊은 감사를 드리고, 책 저술에 대해 격려해주신 충남대학교병원 병원장님과 이비인후과 모든 교직원분께 고맙다는 말을 전하고 싶다. 끝으로 골절상으로 팔을 쓸 수 없었던 나를 대신해 손이 되어준 아들 지수와 딸 연수, 옆에서 나의 투정을 받아준 남편에게 감사와 사랑을 전한다.

2022년 8월 27일

대표저자 강영애

추천사 1

이 책은 언어와 말에 어려움이 있는 환자들의 중재 및 재활을 담당하고 있는 7명의 음성 언어재활사 각자가 병원생활에서 직접 도전하고 겪었던 성공과 실패 사례 등을 모아 엮어낸 경험담으로서 언어재활사의 희로애락(喜怒哀樂)이 담겨있습니다.

이제 음성 언어재활사의 세계에 첫발을 내딛은 후배들에게는 언어재활사로 잘 성장하기를 바라는 선배들의 애정을 느낄 수 있었고, 보건의료인들에게는 환자의 마음까지 치료하겠다는 진정한 프로 치료사의 자세를 배울 수 있었습니다. 언어재활 전문가분들의 협력과 노력으로 음성 언어재활 분야의 치료와 연구가 더욱 활발해지는 계기가 되기를 바랍니다.

끝으로 대표저자이신 강영애 선생님의 자신의 분야에 대한 열정과 최선의 노력에 대해 깊은 감사를 드립니다.

충남대학교병원 병원장 윤환중

추천사 2

'음성재활치료'는 후두음성언어의학 분야에서 음성장애 환자의 치료를 위해 반드시 필요한 영역이며, 정확한 진단과 환자를 위한 최선의 치료방법 선택을 위해 '이비인후과 의사'와 '음성 언어재활사'와의 긴밀한 협력이 무엇보다 중요합니다. 따라서 '음성 언어재활사'는 병원이라는 의료서비스 공동체 안에서 없어서는 안 될 중요한 '전문가'로 확실히 자리 잡고 있다고 생각됩니다. 또한, 병원을 통해 전문 임상경험을 쌓고 기초응용 연구나 새로운 치료 및 의료산업 영역으로 자신의 전문성을 확장할 수 있는 교두보 같은 공간이기도 합니다. 강남세브란스병원 이비인후과에는 이미 1990년대 후반부터 최홍식 교수님께서 공부 모임을 통해 이비인후과 의사와 언어재활사, 음성학자, 성악가 등 다양한 분야의 전문가들 간에 다학제적 협력을 하였고, 그동안 많은 다양한 전문가를 양성한 역사가 있습니다.

이 책에는 그동안 음성 언어재활사로서 많은 검사, 치료, 연구 경험을 쌓아 온 SLP 선생님들이 겪은 생생한 직무 경험담과 재미있고 가슴 뭉클한 에피소드, 그리고 역경을 극복해온 소중한 경험과 노하우들이 담겨있습니다. 이러한 내용들이 비단 이비인후과뿐 아니라 병원 내 다양한 분야에서 일하고자 하는 후배들에게는 좋은 길잡이가 되고, 지금도 불철주야 열심히 일하고 계신 SLP 선생님들에게는 공감과 위로가 되어 줄 수 있을 것입니다.

연세의대 강남세브란스병원 이비인후과 교수 임재열

추천사 3

언어나 음성에 문제가 생긴 경우, 간단한 수술이나 약물 치료보다는 환자의 노력이 필요한 언어치료, 음성치료가 가장 중요한 치료방법인 경우가 많다. 이 치료들은 비만인 사람이 개인 운동훈련(PT)을 받는 것과 같아서, 환자가 필요성을 절감하고 노력하지 않으면 성과를 내기 어렵다. 다른 사람에게 잘못된 습관을 고치도록 하거나 새로운 습관을 갖도록 하는 것은 참 어려운 일이다. 그 어려운 일에 도전하는 직업이 언어재활사다.

어떤 직업, 어떤 직장생활에 희로애락이 없겠냐마는, 언어재활사라는 특별한 직업의 희로애락은 다른 사람들이 쉽게 상상하기 힘들다. 그 비밀스러운 이야기를 베테랑 언어재활사 7분이 다양한 사례로 읽기 쉽게 잘 풀어놓은 글이다. 언어치료나 음성치료에 대한 간단한 지식도 곳곳에 들어 있다.

예비 또는 신규 언어재활사가 이 책을 읽으면 선배들의 다양한 경험을 통해 앞으로 직업 생활을 해 나가는 데 크게 도움이 될 것이다. 이비인후과, 재활의학과 등 관련 임상과 의사들에게도 일독을 권하고 싶은데, 같은 환자를 치료하는 동료 언어재활사의 삶과 고민을 공감할 수 있을 것이다.

땡큐서울이비인후과의원 대표원장 하정훈

추천사 4

나는 이비인후과 의사이다. 그래서 언어재활사라는 직업보다는 음성치료사라는 직업이 더 익숙하게 다가온다. 그러나 이 책을 읽고 그런 생각이 얼마나 좁은 생각이었는지 깨닫게 되었다. 이 글을 읽게 되면 언어재활사라는 직업으로서 의료계의 최전선에서 환자와 부대끼며 치열하게 헤쳐 나가는 그들의 생생한 현장을 가감 없이 온전히 느낄 수 있었으며 내가 생각했던 소위 음성치료사라고 국한했던 언어재활사의 업무들은 정말 언어재활사가 하는 일의 극히 일부분에 지나지 않았던 것을 알게 되었다. 이 책은 현직에 종사하는 언어재활사 또는 앞으로 언어재활사의 길로 가고자 하는 분들뿐만이 아니라 의료와 관련된 곳에 종사하는 분들이라면 충분히 공감하고 아이디어를 얻을 수 있는 에피소드들로 가득하다.

전국의 언어재활사 분들의 노고에 찬사를 바친다.

땡큐서울이비인후과의원 원장 천병준

추천사 5

일반 사람들이 생각하는 의료직 종사자는 의사와 간호사가 일반적이지만, 소수의 인원으로 의사소통에 어려움이 있는 환자의 언어치료를 담당하고 있는 언어재활사도 있습니다. 이 책은 병원에서의 언어재활사가 환자와 함께 웃고 우는 병원생활이 고스란히 담겨있는 책입니다. 희로애락을 간접적으로나마 경험하여 많은 사람들이 병원에서 근무하는 언어재활사에 대해 친밀함을 느낄 수 있는 기회가 되길 바랍니다.

성균관대학교 의과대학 강북삼성병원 이비인후과 과장
이상혁

추천사 6

'병원에서 언어재활사로 살아남기: 희로애락편'이 출간된다는 소식을 듣고 감회가 남달랐습니다. 이비인후과 의사와 언어재활사는 환자의 문제점을 해결하기 위한 공동의 목표를 가지고 함께 노력해 온 한 팀입니다. 오랫동안 팀워크를 다지고 협업해오며 환자의 희로애락을 함께 겪어왔기 때문에 출간 소식을 들으니 더할 나위 없이 축하하는 마음이었습니다. 수많은 어려움을 극복하고 성장을 이뤄낸 선배 언어재활사들의 경험과 노하우가 담긴 이 책을 통해 언어재활사를 꿈꾸는 학생들은 동경과 동기 부여가 되고, 임상 현장에 있는 언어재활사라면 공감과 동료애를 느낄 수 있을 것이라 생각됩니다. 이 책이 언어재활사들의 성장에 기여되기를 바랍니다. 다시 한번 축하드립니다.

울산대학교 의과대학 서울아산병원 이비인후과 교수

남순열

목차

chapter 03 애(哀) …103

chapter 04 락(樂) …141

chapter 01

희(喜)

chapter 01

희(喜)

1. 여리고 성을 함락시켜라.

석사를 졸업하고 집 근처 한 재활병원에 언어재활사로써 사회에 첫발을 내디뎠을 때, 내 꿈은 신경언어장애 분야에서 최고의 언어재활사가 되는 것이었다. 나름 학위도 취득한 전문가의 자신감이었다. 즐거웠지만 새로운 일에 적응하느라 당황스럽기도 했던 재활병원 근무 시기에 박사과정을 밟기 시작했다. 대학원 박사과정에 등록하고 나서는 신경언어장애보다 음성장애를 더 많이 접하게 되었다. 이전까지 뇌과학의 신비에 매료되었던 나는 진로를 선회해 음성과학에 집중하게 되었다. 인간의 주관이 배제된 오롯이 객관적인 처리 과정과 수학지식을 기반으로 하는 전문적인 분석이 매우 인상적이었다. 그래서 나는 이 분야를 좀 더 접해보고 싶어서 1년간 몸담았던 재활병원에 사직의사를 밝혔다.

나는 그렇게 풀타임 박사과정 대학원생 생활을 시작했다. 온종일 연구할 수 있다는 점은 좋았으나 부양가족이 있는 중년의 나이에 기존의 탄탄했던 정규직 언어재활사 경력단절은 무모했다. 하지만 나는 주저하지 않고 기약 없는 여정의 출발선을 끊었다.

어디선가 들은 말이다. 이상과 현실의 괴리는 당연하며 삶이란 괴리를 좁혀가며 사는 방식이라고. 풀타임 대학원생의 삶은 생각처럼 녹록지는 않았다. 연구에 매진하기 좋은 환경이었지만 언어병리학이란 임상 학문에서 환자를 접하기 어려웠던 나는 언제나 부족한 임상 경험이 문제였다. 연구에 필요한 환자의 음성샘플도 구하기 어려웠다. 또 직장생활을 관두어서 수입이 감소한 것도 큰 문제였다. 얇아진 지갑 사정으로 인해 나는 축복받은 환경을 온전히 누리지 못하였고 속된 말로 '보따리장수'라 자조하는 시간강사직에 내 이름을 올렸다. 연구를 위해 안정된 병원 치료사직도 그만두었는데 다시금 연구와 생계를 위한 강의를 병행하는 바쁜 나날이었다. 늘 생각하던 하루를 온종일 연구에 할애하는 여유로운 환경과는 거리가 있었다. 열심히 살수록 더욱 바빠졌다.

매일 아침 대학원 등굣길에 예전 직장인 재활병원 앞을 지나갔다. 그 병원의 간판을 보면서 그때마다 나에게 알맞은 직장을 달라고 신께 기도를 드렸다. 그 시절, 매일 기도를 올렸다. 그만큼 간절했다. 그런 생활 속에서 박사학위를 무사히 취득했다. 이제 한 분야의 전문가임을 자처해도 무리가 없을 학문적 인정을 받았다고 할 수 있었다. 그러나 언어병리학, 그중에서도 내가 전공한 음성장애는 마이너 분야였다. 전공지식을 활용하고 싶어도 음성장애 전문가를 채용하는 병원이 드물었다. 나는 절박했다. 스스로 차버린 안정된 생활의 복과 잘 풀리지 않는 가시밭길 같은 지금과 내일이 나를 힘겹게 했다. 그래서 오랫동안 외면해서 먼지가 쌓인 성경책을 펼쳤다.

구약 성경에 여리고 성 함락이 나온다. 이집트를 나온 이스라엘 백성들은 여호수아를 선봉으로 삼아 가나안으로 향했다. 도중에 여리고 성에서 가로막혔다. 여리고 사람들은 길을 내어주지 않았고 여호수아와 이스라엘 백성들은 성 주위를 엿새 동안 매일 돌았다. 신께서 그 손을 드셔서 7일째에 함성과 나팔소리로 성벽을 무너트려 이스라엘 백성들에게 길을 열어주었다. 어릴 적 나는 이 이야기를 들으며 냉소적인 반응을 보였다. 목사님의 설교에도 이는 그저 지어낸 이야기에 불과하다 여겼다. 판타지 소설을 좋아하는 아들에게 언제나 훈계했던 말처럼 일어날 가능성도 없는 허무맹랑한 낭설이었다. 판타지는 현실이 아니라 판타지(fantasy, 환상)였다.

그런 판타지에 내가 의지했다. 미래에 대해 불안감에 내가 사는 도시의 가장 큰 대학병원 주위를 한 바퀴 돌았다. 마음속에서는 '이곳을 저에게 주세요!'라고 기도를 올렸다. 병원을 돌 때마다 내가 무슨 짓을 하는 것인가라는 회의감이 들다가도 '지성이면 감천이다. 그러니 이거라도 해보자!' 하는 두 마음이 갈등했다. 그만큼 절박했다.

이력서와 사업계획서를 만들어 무작정 내가 돌았던 그

대학교병원의 이비인후과 과장님께 메일을 보냈다. 중부권에는 음성치료 전문병원이 없으니 최초로 만들어보자는 식의 내용이었다. 당시 과장님은 두경부 전문의로 음성치료 분야에 대해서 식견이 있었기에 메일을 받고 회신을 주셨다. 나는 한걸음에 달려가 설명했다. 과장님은 심사숙고하더니 병원에 자리를 만들어보자고 손을 내밀었고 나는 그 손을 꽉 잡았다.

성벽은 무너지지 않았다. 그러나 성문은 열려서 내게 길을 내어주었다. 그리고 지금 나는 병원에서 10년째 음성언어재활사로 지내고 있다. 하지만 길을 내주지 않는 다른 성이 내 앞에 버티고 있다. 나의 가나안 길은 아직 순탄하지 않다. 나는 매일 내가 얼마나 간절한지 자신에게 묻는다. 성들을 함락시켜야 할지 돌아가야 할지도 묻는다. 새로운 불안요소와 장애물이 성벽처럼 내게 다가오더라도 이제는 맘을 다잡고 뜀뛰기를 준비하는 운동선수처럼 용기를 내어 다시 한번 성벽을 넘어가려고 시도한다. 지금의 나는 쉽게 좌절하지 않는다. 나는 오늘도 묵묵히 새로운 성에 도전한다.

2. 좋아지시니 저도 좋습니다.

언어재활사 생활 중에 경험할 수 있는 기쁜 일은 많다. 그 중 가장 기쁜 것은 아무래도 내 언어치료에 의해 환자의 문제가 해소되는 경우다. 공교롭게도 자기 이름에 고압력 자음이 포함되어 발음할 때마다 보상조음을 하여 괴로워하던 아이가 처음으로 편하게 자기소개를 할 때, 거칠고 숨새는 소리만 힘겹게 내던 기능적 실성증 환자가 처음으로 듣기 편한 음도와 고운 목소리로 "아"하는 소리를 내었을 때, 그리고 어느 실어증 환자의 경우, 〈빗〉이란 단어를 듣고 정확한 물건을 고르지 못하던 분이 배우자의 "오늘도 틀리면 밥 없어."라는 최후통첩을 듣고 난감해하다가 처음으로 단박에 올바른 물건을 고른 날 함께 기뻐했던 일이 기억에 남는다.

환자들의 치료 진전은 임상가인 내가 주관적으로 판단하거나 환자와 보호자의 피드백을 통해 확인한다. 그래도 나는 객관적인 평가가 가능하도록 온갖 수단을 동원해 수치화하는 데 언제나 애써 왔다. 측정한 수치의 차이가 뚜

렷하지 않은 경우라도, '명사의 청각적 이해과제 수행 시 〈빗〉 항목에서 치료 개시 후 처음으로 정반응함'과 같이 진료차트에 풀어서 질적인 양상을 기록하기도 한다. 그러나 언어재활사의 이런 노력에도 불구하고 다른 의료진은 대개 환자의 작은 진전사항에 별로 관심이 없다. 'AQ가 몇 점 늘었나?, 별로 변화가 없네, 역시 언어치료는 보존적 치료에 불과하네.'라고 생각하여 가볍게 넘기는 경우가 많을 것이다.

병원에 찾아오는 환자들은 언어재활사가 전담하는 의사소통장애만이 아니라 대소근육의 기능 이상, 인지장애, 심지어 생명유지 곤란에 이르는 심각하고 광범위한 문제를 가지고 있는 경우가 많다. 이런 점에서 언어치료 분야의 작은 진전을 다소 경시하는 의료진들의 분위기도 이해 못 할 사항은 아니다. 그럼에도 언어재활사들이 작은 진전사항이라도 꼼꼼하게 기록하는 이유를 새삼 강조하고 싶다. 그것은 언어재활사의 당연한 본분이면서 언어재활사의 치료과정에서 사명감과 동기의식을 북돋게 해주기 때문이다. 언어재활사도 사람인 이상 진척이 더딘 일에는 쉽게 지치고 힘이 든다. 그러나 환자가 우리의 노력에 긍정적인 반응을 보일 때, 치료가 되는 경과를 관찰할 수 있을 때, 이 직업에 자긍심을 가지고, 희망찬 미래를 환자에게도 전할 수 있다. 주변에서 경시하는 시선에 신경 쓸 것 없다. 나 스스로가 노력이 보답 받는 기쁨을 느낀다면 이를 동기로 오늘도 힘을 낼 수 있다.

치료의 진전으로 생긴 이런 기쁨은 환자나 보호자와 나눌 때 더 커진다. 이 점에서 기억에 남는 환자가 있다. 좌측 전두엽과 양측 기저핵의 국소적인 경색으로 발화의 개시(initiation) 자체가 어렵고 목소리도 작았던 청년이 있었다. 이 환자는 그 전에는 말이 막혀서 안나왔는데 선생님 덕분에 딜레이가 없어졌다며 고마워했다. 어찌 내 덕이라고만 하겠는가? 이는 사회에 복귀하겠다는 열망으로 열심히 치료에 임한 환자 본인, 적절한 케어를 제공한 모든 의료진, 제스쳐 단서를 배워가면서 열심히 옆을 지켜준 어머님 등 모두의 노력 덕분이었을 것이다. 모두의 노력에 대한 감사를 나 혼자 받자니 쑥스러우면서 기쁜 건 사실이었다. 그래서 더더욱 이 기쁨은 환자와 노력한 모두가 나누어야 한다고 생각한다.

우리는 일방적으로 환자에게 도움을 주는 사람인 것만

은 아니다. 우리가 아픈 환자를 치료하는 것처럼, 환자는 우리가 삶의 보람을 느끼게 해주는 고마운 분이다. 내가 우수직원으로 추천받은 일화를 말해보고자 한다. 언어재활사 경력이 일천했던 초창기 시절의 환자로 아이가 한 명 있다. 늘 치료 시작할 때마다 알콜젤로 손을 함께 신나게 닦으며 "OO 닦아. 손 닦아. 엄마 닦아. 다 닦았다!" 따위의 표현을 연습하던 아이 어머님께서'손 위생 우수직원'으로 추천해주셨다. 어머님께서는 언제나 위생을 신경 쓴 내 모습에서 언어재활사로서의 신뢰도 자라났다고 말씀해주셨다. 당시에도 큰 힘이 되었고, 지금도 잊을 수 없는 소중한 추억이다.

환자와 보호자에게서 뿐 아니라 병원에서 일하는 직원들과 동료들에게서 받는 긍정적인 피드백도 언어재활사의 기쁨이다. "선생님이 오고 나서 언어치료실 실적도 늘고 환자 진전이나 반응도 좋아요. 노고에 감사드려요."와 같은 진료과 과장님의 격려 말씀은 대단히 큰 힘이 된다. 잘 모르는 치료 케이스에 대해 조언을 구하고, 환자의 진전을 나누는 과정에서 "선생님 처음에 비해서 검사/치료 내용이나 숙련도, 환자 파악 정도가 많이 좋아졌어요. 이제 어려운 케이스 맡겨도 되겠네." 와 같은 선임 언어재활사 선생님의 격려는 값을 매길 수 없는 선물이다. 좋은 사람들을 만나서 행복하고 기쁜 일이 가득한 언어재활사가 된 건 언제나 감사한 일이다.

병원에서 일하는 언어재활사로서 한 번쯤 고민해 볼 게 있다. 소위 '흰 가운'에 대한 일종의 환상을 가지고 사람들이 가운을 입은 나를 바라보고 정중하게 대하는 시선에 기쁨을 느끼는 사람도 있을 것이고, 꼭 그러한 것이 아니더라도 병원에서 일하는 사람에 대한 사회적 인식을 염두에 두고 병원에 취업하고자 하는 예비 언어재활사도 있을 것이다. 터놓고 이야기하자면, 병원에서 주로 가운을 입는 직종인 의사에 대한 일반적인 인식, 또 병원 내의 '의사'와 '의사가 아닌 사람' 간의 암묵적인 차이, 남에게 존중받고 싶은 마음 같은 것들이 뒤섞여 무의식적인 상을 만든다. 물론 이것이 도덕적으로 나쁘다거나 비난받아 마땅한 일이라고 말하는 것은 아니다. 실제 이런 점이 예비 언어재활사들에게는 동기부여가 되는 측면도 있을 수 있다고 생각한다. 각 대학의 홈페이지에서 취업 진로만 봐도 '병원 언어재활사'를 전면에 내세우고 어필하는 것을 어렵지 않게 볼 수 있다. 나 또한 무릎까지 오는 실습생 치료사 가운, 소속기관 마크가 박힌 치료사 가운, 연구교수가 되었을 때 주어진 흰 자켓을 입었을 때 병원 내에서 다른 사람의 태도에서 다른 느낌을 받았음을 솔직히 고백한다. 다만 이러한 부분은 어디까지나 지엽적인 것이다. 언어재활사로서 본연의 자세는 직무 전문성을 지속적으로 높여서 대상자에게 긍정적인 영향을 끼치는 일에 매진하는 것이다. 이런 부분에서 얻은 기쁨은 번듯해 보이는 사회적 인식이 주는 허영심과는 비교하지 못할 정도로 크고 이것이 바로 언어재활사의 가장 주요한 동기다.

오늘도 각자의 병원에서 환자와 발맞추어 치료를 이어가는 언어재활사들이 어제보다 더 좋은 결과를 얻을 수 있기를 바란다. 환자들과 멋진 인간관계를 쌓고 언어재활사로서 충실한 삶의 보람을 느낄 수 있기를 바란다.

3. 숨을 불어 넣다.

사람들에게 '호흡'이 무엇인지 물어보면 어떤 답을 할까? 대부분은 '숨' 또는 '숨을 쉬는 것'이라고 할 것이고 '살아 있는 개체가 산소를 흡수하고 이산화탄소를 배출하는 것'이라고 생물학적으로 그 뜻을 설명하는 이도 있을 것이다. 모두 호흡에 관한 올바른 설명이다. 그러나 언어재활사인 나는 '호흡'을 '성대를 진동하게 하는 힘의 원천'이라고 정의한다. 환자에게 음성산출 기전에 대해 반복적으로 설명하다 보니 생명을 유지하기 위한 호흡보다는 말을 하기 위해 사용하는 호흡에 초점을 둔 것이다. 이러한 나에게 생명유지를 위한 호흡의 개념을 다시 일깨워 준 환자가 있었다.

"쌤아! 나 이번에는 마취 깰 때 숨 안 막히고 깼다!"

해맑게 양손을 좌우로 흔들며 치료실로 들어오는 여성 환자. 워낙 긍정적이고 낙관적인 성향의 환자였지만, 그날 그녀의 표정은 그 어느 때보다 밝아 보였다. 얼마 전, 타병원에서 신장암 수술을 받은 후 첫 내원이었다. 몇 년 전, 유방암 수술에 이어 담낭제거수술을 받았던 것을 알고 있었기에 연이은 신장암 수술 소식에 마음이 좋지 않았다. 큰 수술을 잘 견디고 다시 뵙게 되어서 반갑다는 인사를 건네며 오늘의 컨디션에 대해 질문했다. 반가움과 걱정스러움이 섞인 내 물음에 그분은 그동안의 이야기들을 풀어놓았다.

"지금은 너무 좋아요. 처음 유방암 수술받을 때는 많이 떨렸는데, 담낭제거수술에 신장암 수술까지 세 번째니까 겁이 좀 덜 나더라."

환자는 사람 좋아 보이는 너털웃음을 허허 웃으며 말을 이었다.

"담낭제거수술 받고 마취 깰 때는 숨을 제대로 못 쉬어서 나 죽다 살아났잖아. 그런데 이번에는 선생님 덕분에 수월하게 깼어!"

내 덕분이라는 말에 어리둥절 해하는 표정을 보고 환자가 말했다.

"내가 잠을 자다가도 숨을 못 쉬어서 깨고, 지하철에서도 갑자기 목이 조이는 느낌에 숨이 막혀서 힘들었잖아요. 그게 연축성 발성장애가 오랜 기간 지속되면서 후두

연축 증상에 기도가 좁아지는 후유증이 더해졌기 때문이라 하시더라고, 원장님이. 그때는 어쩔 수 없이 나타나는 증상인가보다 하고 힘들어도 그냥 지냈지. 그런데 담낭에 염증이 생겨서 담낭제거 수술을 받고 마취에서 깰 때 기도가 좁아져서 호흡곤란을 심하게 겪었어. 죽을 것 같더라고……."

당시의 고통이 떠올랐는지 그녀는 잠시 말을 멈추고 인상을 찌푸렸다.

"그래서 그 이후에 내가 음성치료 받겠다고 한 거야. 음성치료 시작한 날부터 쌤이 알려준 복식호흡 연습을 열심히 했지. 매일매일 누워서도 하고, 서서도 하고, 앉아있을 때도 하고. 어느 날은 누워있는데 갑자기 숨이 막히는 거야. 힘들어도 정신 차리고 복식호흡을 하려고 막 노력했지. 그랬더니 예전보다 훨씬 빠르게 진정이 되더라구. 처음에는 잘 안 돼서 힘들더니 익숙해지니까 훨씬 편하데. 그래서 이번 신장암 수술하기 전에도 연습 많이 하고 마취 깰 때도 신경 써서 엄청 열심히 숨 쉬었더니 호흡곤란 없이 잘 끝났던 거 같아. 다 선생님 덕분이에요."

나는 언어재활사가 방법을 알려드려도 환자가 그것을

체화(體化)하려는 노력을 하지 않았다면 효과도 없었을 것이라고 말했다.

"알려주는 사람이 없었다면 내가 어떻게 알았겠어. 선생님이 나를 살렸어. 참 좋은 직업이라고 생각해요. 선생님은 목소리만 치료하는 사람이 아니라 사람을 살리는 사람이야. 나한테 숨을 불어넣어 줬어, 고마워요."

순간 코끝이 찡해졌다. 말하기 위한 호흡 이전에 생명을 유지하게 하는 호흡이 있다는 것을 상기시켜주는 말이자, 언어재활사로서 지금까지 들었던 가장 큰 칭찬이었다. 환자에게 도움이 될 수 있었다는 기쁨을 느낌과 동시에 내가 하고 있는 일이 내 생각보다 더 큰 의미가 있고 생각지 못한 영향력을 미칠 수 있음을 새삼 깨닫게 된 기회였다. 이 일은 언어재활사로서의 책임감과 사명감을 다시 점검하고, 환자에게 필요한 부분이 무엇인지 더욱 꼼꼼하게 살펴야겠다고 다짐하는 계기가 되었다.

4. 선생님, 감사합니다.

언어재활사로 일한 지 벌써 9년 차다. 관록이 있다고 자칭할 수 있는 연차가 되었다. 지금까지 언어재활사로 살아오면서 무엇이 가장 나를 보람차게 하는지 묻는다면 나는 서슴지 않고 환자분이 치료 후에 내게 보여주는 기쁨과 감사의 말 한마디라고 할 것이다.

오랜만에 예전 다이어리를 펼쳐 보았다. 약 10년 전, 본원 입사 무렵에 쓴 다이어리 기록에는 입사하기까지 답답했던 취업 준비생의 고생 많았던 시간, 합격의 기쁨, 입사를 기다리는 설렘과 첫 출근의 떨림이 생생하게 적혀있었다. 입사 후 2주간의 인수인계 기간은 찰나와 같이 지나갔고, 그 교육 사이사이마다 살짝 맛본 실무는 버거웠다. 나는 입사 2주 만에 출퇴근만으로도 지쳤고 그 와중에 스스로를 돌아보면서 '내가 지금 잘하고 있는 걸까?'라는 생각이 머릿속을 맴돌았다. 병원에서의 겪은 언어재활사 업무는 학부생, 대학원생 시절의 현장실습과 센터에서의 언어재활사 업무와는 강도와 책임감이 확연히 달랐다.

센터에서는 통합 DB(Data Base) 프로그램을 통해 언어치료 시스템, 연간사업계획, 업무연락, 실적보고 등을 관리한다면 병원에서는 OCS(Order Communication System)와 EMR(Electronic Medical Record)이라는 진료지원시스템을 사용한다. 병원에서 일하게 된다면 이 두 가지를 매일 보게 된다. OCS는 처방전달 시스템으로 환자가 접수에서부터 진료가 끝날 때까지의 진료 과정을 온라인으로 전산화한 것이며, EMR은 전자의무기록으로 환자의 진료 행위에 대하여 발생한 업무자료와 검사기록이 전산에 입력되어 있는 시스템이다. 쉽게 설명하자면 OCS에서 환자별 해당 검사 및 치료 처방을 확인하여 실시한 뒤 해당 결과를 EMR로 전송한다. 설명하면 간단하지만 막상 실전에서는 적응하기까지 시간이 필요했다. 익숙해지기 전까지는 실수하지 않기 위해 매일같이 긴장하며 다루어서 두 배로 힘들었다.

병원 시스템들이 조금씩 손에 익을 무렵 첫 음성치료 케이스로 성대결절 환자를 맡게 되었다. 취미로 밴드활동을 하는 분이셨는데 공연 준비 과정에서 무리하게 연습을 한 뒤로 쉰 목소리와 함께 고음이 나오지 않는다고 호소하였다. 사실 성대결절 치료에서 가장 효과적인 방법은 음성휴

식(최대한 말하지 않기)이다. 하지만 직업적으로 목소리를 사용하는 분이기 때문에 잘못된 발성을 교정하고 적절한 성대 접촉을 유도하면서 건강하게 음성을 낼 수 있는 치료를 안내해야 했다. 그래서 환자의 음역대를 확인하고 올바른 성대 접촉 훈련과 호흡 조절, 후두마사지 등을 통한 보존적 치료를 진행했다. 또한 외래가 끝나고 남아서 음성치료 논문도 찾아보고 다른 병원 선생님들께 연락을 드려 해당 케이스에 관해 조언을 구하였다. 나는 할 수 있는 최선을 다했다. 음성치료가 종결되던 날 스트로보스코피를 통해 성대결절이 줄어든 모습을 보자 무척 기뻤다. 환자는 마지막 치료실 문을 나서면서 "선생님 감사합니다. 덕분에 목소리가 좋아졌습니다."라고 말해주었다. 그 말을 듣는 순간 내 마음 한 편에 숨어있던 '잘하고 있는 걸까?'라는 의구심이 눈 녹듯 사라졌다. 분명 직장생활을 하고 있던 분이셨기 때문에 내가 입사한지 얼마 되지 않았다는 걸 금방 눈치챘을 것이다. 그럼에도 불구하고 치료에 적극적으로 임해주었고 덕분에 목소리가 다시 좋아질 수 있었다. 이후 교수님 진료를 보러 오셨을 때는 직접 작업한 앨범도 전해주셨다. 그 앨범을 받고는 주위 사람들에게 치료했던 환자가 낸 앨범이라고 자랑했던 기억이 난다.

입사 초 낯선 서울 생활에 지쳐있던 나는 다시 대구로 내려갈까 고민도 많이 했다. 지금 생각해 보면 행복한 현재의 내 모습을 이루기 위한 과정이었고 많은 것을 배워가며 커리어를 쌓기 위한 시간이었다. 지금도 치료가 끝이 나면 환자와 보호자가 치료실을 나서면서"선생님 감사합니다."라고 말해준다. 그 말을 들을 때마다 뿌듯하면서도 나에게 좋았던 기억으로 남는다. 이로 인해 다른 치료 환자에게도 내가 긍정적인 영향을 줄 수 있었다고 생각한다. 우리 음성클리닉을 다녀가신 모든 분에게 이 지면을 빌려서 많이 좋아져서 저 역시 기쁘고 감사하다는 말씀 꼭 전해드리고 싶다.

5. 이제는 소리 낼 수 있어요

미국언어병리학회(American Speech-Language-Hearing Association, ASHA) 학술대회에 전 세계 언어병리학자들이 모여 일주일간 다양한 주제의 포럼과 강연이 이어진다. 미국에서 시작한 박사과정 중에 처음으로 참석했던 ASHA 학술대회에서 나는 내 전공과 관련 있는 것만 골라 듣기도 바빴다. 그 중에서 가장 인상적으로 기억에 남은 강연이 있었다. 그때 느낀 감동과 떨림은 지금도 생생하다.

이 이야기는 과거부터 시작해야겠다. 1990년대, 간호학 전공으로 대학교를 졸업하고 모교 대학병원에서 근무하던 나는 내과중환자실에서 인공호흡기에 의지하여 생을 이어나가는 수많은 환자를 보았다. 인공호흡기를 연결하기 위해서는 기관절개관 삽입을 해야 한다. 기관절개관 삽입은 윤상연골(cricoid cartilage) 아래의 2~4번째 기관연골(tracheal ring) 절개를 통한 기관절개술(tracheostomy)에 의해 이루어진다. 들숨과 날숨은 기관절개관에 연결된 인공호흡기를 통해 이루어진다. 성대는 기관절개관 삽입이 일어나는 부위보다 위쪽에 위치하기 때문에 공기가 후두, 즉 성대를 통과하지 못하게 된다. 이로 인해 음성산출을 위한 성문하압이 형성되지 못하고 성대의 진동이 일어나지 못해 음성산출이 어렵게 된다. 결국 기관절개관을 삽입하면 보통 사람처럼 말하는 것이 불가능하다.

내가 보아왔던 인공호흡기 착용 환자들은 의식이 있다고 하더라도 음성산출이 불가능하므로 말로 의사표현을 하지 못했다. 안타깝게도 목이 마르거나, 용변이 급해도 침대의 안전바를 붙잡고 흔들어서 사람을 불러야만 했고, 누군가 옆에 있어도 힘없는 손짓이나 삐뚤빼뚤하게 글을 써야 의사표현을 할 수 있었다. 생명유지에 가장 기본이 되는 생리현상도 제 뜻대로 하지 못하는 데 도움을 달라고 요청하는 의사 표현도 제대로 하지 못한다고 생각해보라. 자신이 처한 상황이 얼마나 억울하고 답답하게 느껴질지 상상이 가는가? 그 시절 나는 인공호흡기를 착용한 상태에서도 목소리를 산출할 수 있는 다른 방법이 없을지 무척 궁금했다. 당시에는 말소리밸브(speech valve)의 존재에 대해서는 전혀 알지 못했다. 끝내 해결책을 찾지 못하고 유학생활을 위해 미국으로 떠나게 되었다. 그리고 앞서 말한 학술대회에서 특별한 강연을 만나게 되었다.

컨퍼런스 룸에서 다음 강연을 기다리던 청중은 전동휠체어를 탄 50대 남성이 방 한가운데로 들어오는 모습을 보았다. 남성이 탄 휠체어 뒤편에는 산소통이 달려 있었고, 남성의 목에 산소줄이 연결되어 있었다. 강연이 시작되어

서야 그분이 비로소 강연자임을 알았다.

강연자는 사고로 경추가 손상되고 사지가 마비되어 자가호흡이 불가능했기에 기관절개술에 연결된 인공호흡기로 산소를 공급받고 있다고 하였다. 이로 인해 타인과 대화가 거의 불가능했지만 기관절개관에 Passy-Muir valve라는 말소리밸브를 끼우고 언어재활사와의 발성 및 삼킴훈련을 한 결과, 이제는 자신의 목소리로 강연까지 할 수 있게 되어 정말 감사하다고 말하였다. 학술대회를 임상이나 연구내용을 발표하기 위한 전문가만의 모임으로 알고 있던 나는 치료사가 아닌 치료받은 사람이 자신의 삶이 긍정적으로 변화되었음을 간증하는 장면을 다른 곳도 아닌 유명한 학술대회장에서 보게 되어 놀랐다. 그뿐만 아니라 그 주제가 궁금했던 기관절개술을 받은 환자의 목소리를 산출하는 방법이라 우연의 일치치고는 공교로웠다. 말소리밸브를 이용해 자신의 목소리를 들려주는 눈앞에 있는 강연자는 내가 찾고자 했던 목표 그 자체였다. 그래서 그날의 강연은 잊을 수 없는 기억이었다.

말소리밸브의 원리는 다음과 같다. 밸브는 일방향 밸브(one-way valve)로 들숨 때는 밸브를 통해 기도 내로 공기가 들어오고, 날숨 때는 밸브가 닫히면서 정상인의 날숨처럼 공기가 성대를 거쳐 코와 입으로 나간다. 이때 발생하는 성대 진동으로 음성산출이 가능하게 된다. 또한, 냄새를 맡거나 맛을 느낄 수 있게 되어 삼킴기능이 개선된다. 그러면 기관절개술 환자들이 흔히 겪는 흡인으로 인한 폐렴이 감소한다. 다만 밸브의 저항으로 인해 삽입 초기에 어려움과 불편함이 있어서 적응훈련이 필요하다. 미국의 경우, 병원에서 기관절개술을 받은 환자에게 언어재활사가 FEES(fiberoptic endoscopic evaluation of swallowing test)를 검사하고, 이상이 없는 경우 기관절개관에 Passy-Muir valve와 같은 말소리밸브를 삽입한 환자를 대상으로 일정 기간 발성 및 삼킴훈련을 실시한다. 모든 과정은 의료체계 내에서 신속하게 적용되고 관리된다. 환자가 사적으로 말소리밸브를 구매하여 삽입하는 경우에도 의사의 처방과 언어재활사의 사후관리가 요구된다. 국내의 경우 말소리밸브가 의료보험 급여화 항목으로 책정되어 있음에도, 이에 대한 의료인의 인식이 미흡하여 기관절개술 시술 후 바로 적용하는 경우가 많지 않다. 또한, 병원에서 말소리밸브를 삽입하더라도 언어재활사와 같은 전문가에 의한 적응훈련과정이 거의 이루어지지 않기 때문에 효과와 활용성이 낮은 실정이다. 이와 더불어 환자가 의료체계 내 관리 없이 온라인과 같은 외부 경로를 통해 직접 구매하여 삽입할 경우 안정성의 문제가 발생할 수도 있다.

과거 30여 년 전 경험했던 기관절개술 환자들의 의사소통 문제는 과학기술의 발달로 인해 이제 점차 해결되어 간다고 볼 수 있다. 그러나 국내의 시스템적 문제, 언어재활사들의 활동범위 제한, 정보의 부족 등으로 의료체계 내에서의 대상자들에 대한 언어치료서비스는 아직도 발전해 나아가야 할 갈 길이 멀지 않았나 하는 안타까움이 있다. 나의 작은 소망은 기관절개술 환자에게 말소리밸브를 임상 현장에서 바로 적용하고, 언어재활사가 이를 관리할 수 있도록 의료체계 내에서 언어치료 영역이 좀 더 활성화되는 것이다.

6. 나는 언어재활사입니다.

난 대중적이지 않은 분야를 전공으로 공부를 시작했다. 10년이 훌쩍 넘은 지금도 내 전공 분야의 정체에 대한 많은 질문을 받는다. 병원에 치료를 받으러 온 환자에게도 "음성치료가 뭐예요?", "전공이 뭐예요?", "뭐를 전공해야 이 일을 할 수 있는 거죠?", "음성치료는 어떻게 하는 거죠?", "하면 좋아지나요?" 같은 질문을 받는다. 내 일에 자부심을 가지며 바로 대답할 때도 있지만 어디서부터 설명을 해야 할지 고민하느라 머뭇거릴 때도 있다. 이런 질문을 받을 때마다 말로 설명만 하기보다는 치료를 잘해서 결과로 증명해 보여 환자를 100퍼센트 이해시켜야겠다고 마음을 다지게 된다.

언어재활의 다양한 분야 중에 음성치료를 선택하게 된 것은 우연한 기회였다. 질환이 눈에 보여서 현재 어떤 상태인지 한눈에 볼 수 있다는 점과 환자가 호전되었는지 아닌지 치료 경과를 바로 옆에서 확인할 수 있다는 점에 매력을 느껴서 전공하게 되었던 것 같다. 하지만 지근거리에서 증상을 대한다는 점에 단점도 있는데, 증상이 썩 좋아질 기미가 없다거나 치료가 지지부진하면 성과가 없어 참 무력해진다. 그래서 부담감과 함께 스트레스도 많이 받았다.

환자는 주치의를 보고 병원에 방문하고, 주치의는 음성치료를 처방한다. 내 업무는 음성치료를 잘하여 환자를 낫게 하는 것이다. 우리가 의사처럼 수술실에 가거나 약을 처방하는 것은 아니지만, 음성을 치료하러 온 사람들에게는 우리가 전부라는 마음으로 매시간 최선을 다하려고 노력한다. 또 내게 환자 치료를 맡긴 의사의 얼굴을 생각해서라도 최선을 다해 좋은 협력자의 역할을 해야 한다고 생각했기 때문이다.

치료가 잘 되면 너무 기쁘다. 일 년 동안 받은 피로가 다 날아가는 것 같은 느낌이다. 환자들은 본인이 나아서 기쁘겠지만 언어재활사도 환자만큼 기쁘다는 것을 알려나 모르겠다. 나와 환자의 노력이 결실을 거두었다는 점에 뿌듯함을 느낀다. 이를 나의 가족에게도 자랑하며 의기양양해진다. 그러나 한 번의 성공에 고취되어 실력이 제자리걸음만 한다면 누구보다도 나를 찾아올 다음 환자에게 죄송한 일이다. 그러니 환자를 치료하는 일뿐만 아니라, 언어재활사로서 능력을 키우기 위해 꾸준히 노력해야 한다. 다른 치료사들과 교류는 이런 면에서 유익하다. 서로의 치료 경험을 공유하고 더 효과적인 치료방법을 의논하며 친분도 도모한다. 그러면서 여러 면에서 내가 성장하는 것 같아 뿌듯하다.

치료실에 오는 환자들은 모두 얼굴이 어둡다. 그 표정에는 낯섦, 우울함, 무력함, 의구심, 슬픔 등 여러 가지 감정이 묻어 나온다. 한 마디 한 마디 대화를 나누기 시작하면서 상황을 공유하고 감정에 공감한다. 거기에서 이제 본격적으로 발성으로 이어지는 과정에 이르기까지, 환자가 내는 소리를 체크하고, 확장하고, 유도하고, 수정하느라 내 머릿속은 끊임없이 생각이 이어진다. 내가 "아~, 아~" 소리를 환자 앞에서 시연하면 처음에 환자들은 무심결에 따라하면서 혼자서는 힘들었던 소리 내기에 성공한다. 그 이후로 나를 믿고 따라와 주면서 몇 회기 뒤에는 스스로 더 열심히 하려는 모습과 밝아진 표정을 보인다. 이런 경우는 몇 번을 경험해도 참 뿌듯한 일이다. 내가 잘 이끌어가고 있구나라는 생각과 함께 환자가 나를 믿어주고 있구나 하는 마음에 환자에게 참 감사하다.

치료받으러 오는 어린 환자들 중 풋풋한 나이의 대학생 친구가 있다. 어린 나이에 벌써 목소리가 떨리는 증상을 앓아서 걱정스러울 따름이었다. 환자는 꾸준히 통원했다. 그러나 6개월이 지나도 눈에 띄는 차도가 없어서 환자의 부모님은 의구심이 가득한 눈으로 나를 보았고, 나는 미안하고 고민스러웠지만 묵묵하게 환자와 열심히 치료를 이어 나갔다. 그렇게 모두가 힘들 때 갑자기 목소리가 잘 나오기 시작했다. 그 광경이 아직도 눈앞에 생생하게 그려진다. 환자는 평소와 다르게 떨리지 않는 목소리로 글을 읽어나갔고, 엉엉 소리 내 울기 시작했다. 울면서 말했다. "내 목소리를 듣는 거, 정말 오랜만이에요." 얼마나 마음고생이 심했으면 울음이 터져 나왔을까 생각하니 나도 눈시울이 절로 붉어졌다. 이후론 활발하게 소통하면서 치료가 이루어졌다. 환자도 조금이라도 막히는 부분이 있으면 "이 부분이 소리가 잘 안 나요." 하면서 피드백을 도왔다. 그렇게 치료는 매우 빠른 속도로 잘 마무리할 수 있었다. 지금은 그 친구가 발랄하게 말하며 대학생활을 잘 보낼 거라 생각하니 나도 절로 기분이 좋아진다.

언어재활사인 내가 하는 일은 단순한 치료가 아니라 환

자에게 희망을 주는 것임을 마음속 깊게 새기면서 오늘도 힘내자고 다짐한다. 잘해보자! 나!

7. 내가 '언어재활사' 라는 직업을 사랑하는 이유

나는 언어재활사로 일 한지 올해로 10년째가 되었다. 나의 10년을 돌이켜보면 수많은 것들이 변했다. 입사 초 환자 검사 및 치료, 주어진 추가업무를 하루하루 해내고 버티는 입장이었다면 이제는 보다 능숙해지고 전문적이 되면서, 그만큼 책임감도 커졌다. 대한후두음성의학회 교육위원, 실습지도, 부모교육 등을 진행하면서 10년 전과 비교하여 일하는 방식과 영역, 가치관이 많이 변했다. 다만 변하지 않는 것은 바로 직업을 사랑하는 마음이다.

내가 이 직업을 사랑할 수밖에 없는 이유는 누구도 흉내 낼 수 없는 전문성을 가진 직업이기 때문이다. 내가 말하는 언어재활사의 전문성 첫 번째는 신뢰도가 높은 평가도구, 검사기기, 훈련된 귀와 머리로 환자를 객관적, 주관적으로 평가하여 환자의 문제를 명확하게 파악할 수 있는 능력이다. 음성치료를 담당하는 음성 언어재활사가 시행하는 검사들은 다음과 같다. 음향학적 평가, 공기역학적 평가, 음역평가, 비음도 평가를 통해 환자의 음성을 객관적으로 수치화하여 평가한다. 그리고 청지각적인 평가 도구인 GRBAS, CAPE-V로 환자의 목소리 특성을 평가한다. 뿐만 아니라 조음문제가 있다면 표준화된 조음평가 도구들을 통해 환자의 조음기능을 평가한다.

두 번째는 환자가 호소하는 단편적인 문제 파악에 그치지 않고 언어병리 현상을 기초로 하여 다양한 원인을 분석할 수 있는 능력이다. A환자는 성대결절이 지속적으로 생겨서 내원한 환자다. 성대결절이 생긴 원인을 발성문제로만 생각하여 수년 동안 타 기관에서 목소리 관련 치료를 받았지만 호전되지 않아 본원에 내원하여 음성치료를 받았다. 환자는 성문폐쇄가 불완전하고, 거친 음성과 바람새는 음성이 지속적으로 나타났으며, 입을 거의 벌리지 않고 혀를 후방화하여 발화하는 특성이 있었다. 음성검사만 처방되었으나 특정음소가 지속적으로 귀에 거슬려 추가적으로 조음검사를 시행한 결과, 특정 음소를 왜곡(설측음

화)하여 조음하고 있었다. 발성훈련뿐 아니라 오조음한 음소를 훈련하였더니 성대결절은 호전되었다. B환자는 음성약화로 음성검사가 의뢰된 환자였다. 음성검사를 진행한 결과, 지속적인 기식음성과 약한 음성, 부정확한 조음, 적절하지 않은 구문경계(syntactic boundary), 과도한 비누출, 턱과 입 주변에서 근육 부분 수축이 관찰되었고 검사시간이 소요될수록 피로함을 호소하였다. 인터뷰를 통해 삼킴에도 문제가 있다는 것을 알았다. 검사결과들을 기록하고 보고한 뒤, 환자는 신경과로 연계되어 '중증 근무력증' 진단을 받았다.

세 번째는 환자 개개인에 맞는 최적의 치료계획을 세우고 유동적으로 치료를 할 수 있는 능력이다. 진단명과 증상이 같더라도 환자의 성향, 수행능력 등이 다르기 때문에 모든 환자의 치료계획과 치료방법은 획일화되지 않고 모두 다를 수밖에 없다. 성대마비(vocal fold paralysis)로 진단된 C환자와 D환자. C환자는 68세 남성으로 심장수술 후 음성문제와 삼킴문제가 발생하였다. 증상이 심하여 성대주입성형술(injection laryngoplasty)을 먼저 시행한 뒤 음성검사와 치료가 처방되었다. 검사결과, 긴장된 음성과 거친 음성이

지속적으로 나타났고, 이중음성이 간헐적으로 관찰되었다. VRP(Voice Range Profile) 검사결과, 가성 산출이 불가하였고, 음에 대한 감각이 거의 없는 상태였다. 이 환자에게 시행한 첫 회기 음성연습은 맑은 소리의 고음 흡기발성과 비강 공명을 이용한 허밍이었다. 환자와 치료사가 함께 연습한 소리가 목표 소리인지 아닌지를 'O, X'로 체크하며 연습을 진행하였다. C환자는 2년 후 현시점까지 여러 음성치료 기법들을 활용하여 소리 연습을 진행하고 있으며 재 성대주입성형술 없이 비교적 좋은 음성으로 생활하고 있다.

D환자는 32세 남성으로 원인 미상으로 성대마비를 진단받았다. 일상적인 대화에서는 음성문제가 없었으나 회의 진행을 하거나 발표할 때 음도 이탈(pitch break)이 발생하고 장시간 음성사용이 힘들다는 주호소로 음성검사와 음성치료가 처방되었다. 마비된 성대가 내측 위치에서 고정되어 성대 접촉 양상은 좋았고, 음성검사결과도 대부분 정상적이었으며, 음에 대한 감각도 좋았다. D환자에게 처음 시행한 연습은 공명음성치료와 Vocal Function Exercises였다. 소리 연습을 하며 환자 스스로 목표 소리인지 아닌지를 체크 하도록 하였다. D환자는 1년 동안 한 달에 한 번

씩 내원하여 다양한 기법들의 음성치료를 진행하였고 본인이 스스로 공명을 조절하여 발표나 회의할 때 편안하게 음성을 사용할 수 있게 되어 치료를 종결하였다.

아직은 언어치료, 음성치료가 모든 사람들에게는 익숙하지 않아 상당수의 사람들이 발음이나 목소리 문제를 파악하고 해결하려 다양한 곳(스피치학원, 웅변학원, 보컬학원, 연기학원 등)을 방문한다. 그리고 해결되지 않을 경우, 최후의 보루로 병원에 오는 경우가 많다.

그런 환자들은 불신과 경계의 눈으로 검사실에 들어온다. 그러나 검사를 시작하면 환자들은 이런 체계적인 검사가 있었냐며 눈이 휘둥그레지며 적극적으로 검사에 임한다. 검사를 마친 뒤 검사결과를 설명해주면 대부분의 환자들은 십년 묵은 체증이 내려가는 것 같다며 기뻐한다. 그 모습을 보면 환자 가슴에 맺힌 응어리를 풀어준 것 같아서 뿌듯하고 기쁘다. 그리고 그보다 더욱 큰 기쁨을 느낄 때는 환자가 치료를 받으면서 점차 좋아지는 모습을 옆에서 지켜볼 때이다. 좋은 경과를 보여 치료를 종결할 때마다 나는 우리 직업에 큰 자긍심을 느낀다. 임상을 하는 언어재활사들은 이런 마약 같은 기쁨과 보람 때문에 이 직업을 사랑하는 것 같다.

그러나 한편으로는 음성 언어치료가 아직은 대중적이지 못하여서 치료가 필요한 사람들이 치료의 존재 자체를 알지 못하는 현실이 속상하다. 그리고 음성 언어치료가 있는 병원들은 항상 검사와 치료 대기 인원이 넘쳐나기 때문에 사설센터처럼 주 2~3회 치료하는 것이 어려운 상황이 씁쓸하다. 이뿐 아니라 음성장애를 전문으로 하는 언어재활사의 비율이 언어치료 분야에서 극히 일부라서 굉장히 아쉽다. 음성 언어치료 분야가 치료가 필요한 사람들에게도, 언어재활사에게도 문턱이 낮아져 대중화되었으면 하는 작은 바람이 있다.

chapter 02

노(怒)

1. 언어재활사는 바쁘면 안돼!
2. 이사 전문 언어재활사
3. 저도 사람인지라……
4. 여전히 이해가 부족합니다.
5. 스트레스는 음성의 적
6. 충분히 잘하고 있어!
7. 오늘도 통계와 싸우다.

chapter
02

노(怒)

1. 언어재활사는 바쁘면 안돼!

국내 메이저급 병원을 제외한 대부분의 병원에서 언어재활사는 한두 명 내외로 소수만이 근무한다. 치료실을 혼자 사용하므로 병원에서 혼자 근무한다 생각해도 무방하다. 그래서인지 외부인들은 언어재활사들이 그 작은 골방에서 무엇을 하는지 궁금해하는 경우가 많다.

나의 경우도 다른 언어재활사와 별반 다르지 않다. 우

선, 치료사 본연의 업무인 검사와 치료를 한다. 내 경우 음성검사, 조음검사, 공명평가를 주로 한다. 나는 두경부 소속 환자만 보기 때문에 언어발달 및 청각장애, 신경언어장애, 유창성 검사를 하지 않는다. 가끔 파킨슨 환자 및 실행증 환자들이 오면 그에 준하는 신경말평가를 하는 경우도 있지만 대부분 음성장애라는 분야에만 특화된 작업을 한다. 음성장애 검사만 하니 치료에서도 음성장애 환자만을 만난다. 아동 조음치료도 가끔 있지만 국가바우처 사업이 잘 활성화되어 있기에 대학병원에서는 검사만 진행하고 대체로 치료는 집 근처 사설 언어치료실로 인계된다.

검사와 치료 업무 이외 병원 직원으로서의 적지 않은 업무도 처리해야 한다. 업무로는 검사장비 관련 업무와 고객대응 및 감염 관리, 대외적인 언어치료실 홍보 및 봉사 활동 등이 있다. 출근하면 하루 업무 시작을 청소로 시작한다. 그리고 매주 세탁실과 중앙공급실에 가서 물품의뢰 및 수거를 한다. 음성 언어치료실에는 음향검사, 공기역학검사, 공명평가 등에 필수적으로 쓰이는 컴퓨터 장비점검도 매일 한다. 만일 전조증상도 없이 장비가 갑자기 고장나면 검사자는 애가 탄다. 이 경우 의공실과 공급업체에 연락하여 수리를 의뢰한다. 발 빠른 의공실 선생님들의 대처에도 수리에는 시간이 걸린다. 그 시간 동안 예약된 환자의 예약변경 및 내원을 미루는 전화를 돌려야 한다. 또한, 검사실 장비가 고장 났다고 외래에 알려서 예약을 잡지 않도록 해야 한다. 장비 연식이 오래될수록 이런 일이 반복적으로 자주 발생한다. 그렇다고 장비를 여벌로 구매해 놓을 수 없는 상황이다. 구매비용이 수천만원에서 1억원 가까이 소요되는 비싼 장비들이기 때문이다. 기존 장비를 잘 정비해서 오래 사용하는 것이 가장 좋은 방법이다. 이외에도 치료실에서 정기적으로 소비되는 사무용품과 치료용품을 청구하고 수령해야 한다. 원에 없는 것은 인터넷에서 찾아서, 구매요구도 내야 한다.

또한, 치료실로 바로 걸려 오는 환자들의 예약변경도 응대해야 한다. 예약변경을 왜 치료사가 담당하는지 의아할 수 있지만 환자에 따라서 직접 치료사와 통화해서 변경하고 싶어하는 경우도 많다. 해당 업무를 담당하는 원내 콜센터 부서가 있지만 콜센터 담당자가 변경되면 다시 내가 예약 잡는 방법을 안내해 줘야 한다.

대학병원에는 지역병원에서 커버하지 못하는 어려운 상

황의 환자들이 오는 경우가 많다. 그래서 나는 대학병원이 검사와 치료 분야의 최후의 보루로 생각한다. 그러니 대학병원의 치료사는 끊임없이 정진해야 한다. 그래서 연구 활동도 내 업무의 한 부분이다. 1년에 한 번씩 보수교육에 참석하여 언어재활사 자격을 유지해야 하고 이비인후과 관련 학술대회, 연수회를 참석하여 식견도 넓혀 새로운 지식을 습득해야 한다. 한마디로 끊임없이 공부해야 한다. 환자의 현 상태를 잘 파악하기 위해서 환자 관련된 의무기록 내용도 파악해야 한다. 의무기록에는 혈액검사 수치, 검체결과지, 타부서 검사결과지, 영상결과지, 진료기록, 수술기록지 등이 있다. 담당의가 기록한 수많은 전문용어를 읽고 그 의미를 파악해야 하고 처치 및 검사를 하였을 경우 언제, 왜, 어느 순간에 그런 처치/검사를 했는지, 환자의 전체 치료 틀에서 처치/검사 후 언어재활사가 도와줄 것은 없는지를 파악해야 한다. 그래야 언어치료가 언제 도움을 줄지, 아니면 기다려야 할지 치료사 스스로 판단할 수 있다. 진료기록지에 전문용어를 친절하게 풀네임으로 다 기록해주면 그나마 쉽겠지만 약어기록이 너무 많고, 어느 때는 그나마 하얀 화면에 두어 단어만 기록될 경우도 많이 있다. 이럴 경우는 창피하지만, 담당의에게 바로 연락하여 이게 무슨 뜻인지 물어보기도 하고 전공의가 한가할 때 조용히 찾아가 교수님 진료기록지에 대한 해석을 요청하는 경우도 많다. 언어병리학 박사까지 한 나지만 대학병원 근무 초창기에는 진료기록 해석 때문에 주위 전공의 및 간호사에게 많이 물어보았다. 그래서 병원에 있으면 언어병리학 전공도서 이외에도 필수적으로 의학도서를 많이 보게 된다.

음성치료 행위는 증거에 기반을 두고 시행해야 한다. 증거를 확보하기 위해서 연구를 꾸준히 해야 한다. 연구를 한다는 것은 계속 논문을 읽고 관련 데이터를 비교 분석하여 가설을 세우고 적용하고 다시 살펴보는 장기적인 일련의 활동이다. 이런 활동 중 치료법을 정리하기도 하고 새로운 치료법을 연구하거나 치료도구를 개발할 수 있다. 연구가 성공하여 환자치료에 적용한 경우도 있지만 실패하여 그동안의 노력이 허사가 된 경우도 비일비재하다. 개인적으로는 논문을 잘 읽기 위하여 영어실력을 다시 기르고자 어학공부도 꾸준히 한다. 연구 중 밝혀진 내용을 환자에게 정보지로 주기 위해 시트지로 제작하는데 한 장의 시트지를 만들기 위해서 수많은 책을 참고하고 몇 달에 걸쳐 정확하고 검증된 내용을 선별하고자 열중한다. 이렇듯 전문가로 계속 남기 위해 매일 연구하며 연구를 일구기 위해서 뒷받침되는 여럿 일을 해야 한다.

다른 병원 언어재활사들과 교류도 내 업무다. 내 환자가 다른 도시로 가게 될 경우, 그 지방에 어느 치료사가 있는지 어느 병원에 가면 좋을지 정보를 제공해 주기 위해서다. 반대로 다른 병원에서 수술만 받고 나에게로 와 음성치료를 받기 원하는 경우에도 수술한 병원의 언어재활사의 도움을 받아 수술기법을 파악하고 치료에 참고한다.

내 업무에서 인터넷의 중요성이 증가하고 있다. 정보수집에 최적인 인터넷 세상에서 최신정보를 재빨리 획득해야 하기 때문이다. 나는 주로 해외 대학의 연구발표를 확인 혹은 새로운 치료용품을 살펴보기 위해 인터넷을 사용한다. 또한, 비대면 진료 개념이 생기면서 병원에 자주 못 오는 환자를 위해 인터넷 카페를 운영하여 소모임을 이끈다. 이렇게 저렇게 인터넷 세상을 자주 드나드는 편이다.

지역사회의 언어치료학과 학생들의 관찰 신청이 들어오면 관찰교육을 해준다. 학생시절 나 또한 선배 치료사의 업무를 관찰로 배웠기에 이는 후학을 위한 당연한 일이라고 생각한다. 하지만 관찰 후 학생들의 관찰일지 피드백은 눈에 보이지 않지만 수고로운 일이다. 학생들이 파악한 행동을 하나하나 관찰일지에 코멘트를 달아야 하는데 대개 치료사의 본 의도가 다른 경우가 많아 이를 수정하는 게 만만치 않기 때문이다. 관찰 한 번에 보통 30명 내외의 학생들이 찾아오니 한 명당 6케이스를 본다고 가정하면 관찰교육마다 약 180번의 치료 피드백을 해 주어야 한다.

언어재활사가 골방 같은 치료실에서 하는 일을 생각나는 대로 적어보았다. 치료사의 업무는 동적인 것보다 정적인 것이 많다. 먼저 충분한 시간을 들여 숙고하고 마지막에야 행동에 옮기는 편이다. 그래서 언어재활사의 치료실 안은 유독 조용하다. 반면에 치료실 밖은 도떼기시장이 따로 없다. 환자 호명, 진료방 보조, 예약안내, 전화 응대 업무 등 온갖 장소에서 목소리를 높인다. 이비인후과는 청력이 안 좋은 사람들이 많이 오는 곳이라 더욱 그렇다. 그렇게 시끄럽고 뛰어다녀야 열심히 일한 사람이라고 생각이 들었다. 이런 분위기에서 근무 초창기의 나도 환경에 휩쓸려서 업무를 급하게 처리했다. 그냥 열심히만 하면 되는 줄 알고 분주하고 정신없는 시장통 분위기를 만드는 데 일조했다. 환자 이름을 목청껏 소리 높여 부른 건 일상다반사였다. 공장에서 물건 찍어내듯이 음성검사를 빨리빨리 처리하고 오늘 몇 건 처리했다고 은근히 자부심 담아 자랑했던 기억도 있다. 내 말과 행동은 갈수록 빨라져서 상대가 머뭇거리는 것을 허용하지 못하였다. 어떤 때는 환자가 증상에 대해서 첫마디 운을 떼기 시작할 때부터 대략 증상을 추론하여 가늠하곤 했다. 마치 내가 너의 아픔을 다 안다는 식으로 말이다. 지금 생각하면 얼마나 오만했던지! 단지 업무를 처리해 나가는 속도와 양에 취해서 환자처리 양이 곧 훌륭한 업무능력이라고 착각하고 스스로 명의인 양 자찬했다.

나의 오만함을 일깨워준 일화들을 소개하고자 한다. 만일 이 일이 아니었다면 아직도 나는 이상한 착각의 늪에 빠져 제 능력에 취한 오만한 기술자로 남았을 거라 생각되니 오싹해진다. 먼저 한 여성 환자와의 일화다. 갑상선암 수술을 받고 성대는 정상 움직임을 보이지만 음성을 기식소리(breathy voice)로 냈다. 정상소리가 가능함에도 계속 기식음성을 내어 이상하게 여겼다. 알고 보니 그분은 남편의

외도를 수술 직전에 알았고, 그로 인해 본인이 현재 고통스러워야 하며 남편도 고통스럽길 원한다고 말하였다. 환자는 내게 자신이 치료에 성공하여 건강해져서는 안 된다고 그렇게 주장했다. 그분은 남편이 죄책감을 느껴 심적으로 고통을 받길 원했다. 나는 검사나 판사가 아니다. 그 환자에게 내가 해 줄 수 있는 일은 내면의 속상함을 들어주는 좋은 친구 역 밖에는 없었다. 그리고 이런 내밀한 이야기를 친하다고 보기도 어려운 나에게 하기까지 얼마나 고민하였을지 생각해 보니 마음이 먹먹해졌다.

다른 환자는 근긴장성 발성장애(muscle tension dysphonia) 진단을 받은 고등학생이다. 해당 증상으로 인해 말소리가 눌려 잘 나오지 않는 점에 답답함을 느끼고 있었다. 학생의 경우 학교에서 괴롭힘을 받았다. 그로 인해 학교 다니는 걸 매우 힘들어했다. 이때 나는 치료보다 학생을 위한 심리적 지지와 부모 상담을 우선했다. 다행히 치료성과가 있어서 학생의 증상이 다소나마 호전되었다. 나는 이 점에 지나치게 방심해버렸다. 환자가 다시 나를 찾아왔을 때, 나는 몸에 익어버린 빠른 업무처리 버릇으로 인해 학생의 간절한 소통을 반쯤 외면하고 사무적으로 응대해버렸다.

내가 근무하는 곳은 치료 4회기 후에 진료를 볼 때 환자와 치료사가 같이 진료실에 들어간다. 환자의 성대 상태를 직접 확인하지 못하므로 궁여지책으로 생각해 둔 세팅인데, 진료방 입실이 예약대로 되지 않고 밀리면 치료실 예약상황도 밀린다. 그날도 학생과 진료방에 같이 들어가서 학생의 성대를 관찰하고 음성치료를 일반화까지 조금 더 할 것을 권고하였다. 예약시간이 밀려서 다른 환자가 벌써 내 치료실에 입실해서 기다리고 있었다. 마음이 급해진 나는 "저 어떻게 해요?"라는 떨리는 목소리로 말한 학생에게 "수납에서 예약 잡고 오면 돼요."라고 단호하게 말하고 학생과 헤어졌다. 그때 난 다른 예약 환자 때문에 바빴다고 변명할 수도 있다. 하지만 난 그 학생의 심리를 알고 있었기에 변명은 자기합리화를 위한 구차한 말일 뿐이다. 수납에서 예약을 잡으라고 하고 돌려보냈지만, 학생은 치료 예약을 하지 않았다. 내가 그때 조금 더 신경 쓰고 예약을 잡아줬더라면 어땠을까? 난 치료사니까 치료만 잘하면 되고, 예약은 콜센터와 수납 창구의 업무이니 내가 크게 신경 쓰지 않아도 된다고 생각하여 등한시하지 않았다면 어땠을까? 계속 후회된다.

그래서 나는 치료사는 예약대로 움직이지 못할 때도 있다고 말해주고 싶다. 가끔 예약된 환자가 있어도 지금 치료실에서 울고 있는 환자를 내보낼 수 없다. 양해를 구하고 조금 더 내 곁에서 마음의 편안을 찾도록 배려해야 한다. 그래서 치료사는 바쁘면 안 된다. 바쁘다는 말로 환자를 소홀히 대하는 나 자신을 용납하여선 안 된다. 나의 바쁨 속에 제대로 파악하지 못하는 환자의 마음이 그대로 본인의 고통 속으로 다시 묻히기 때문이다. 이는 내면의 목소리를 드러내고자 결심한 환자의 용기를 짓밟는 행위다. 치료사의 템포가 빨라지면 환자는 불안해한다. 환자는 본인 마음속 응어리를 말하고 싶은데 치료사가 환자의 발현되는 증상에만 관심 있고 그것만 확인하고 치료에 임한다면 이것은 인공지능(AI)이 오히려 사람인 나보다 더 잘할 수 있을 것이다. 사람을 대하는 치료사는 현재의 증상이 왜 나왔을까 생각해 봐야 한다. 입사 직후 대선배로부터 치료사도 사람인지라 화나고 힘든 일이 있을 테지만 그럴 때마다 환자만을 보고 가야 한다고 조언을 들었다. 처음에는 이 말이 무슨 뜻인지 몰랐다. 그럼 치료사가 병원에서 환자를 보고 지내지 누굴 본단 말인가? 그래서 처음에는 이 조언을 경시했다. 그러나 한 해, 두 해 병원에서 언어재활사로 지내다 보니 알게 되었다. 다른 직업군에 치이고, 권력에 눌리고, 때로는 몰상식한 밥그릇 싸움과 고래 싸움에 끼이는 경우도 겪는다. '나만 아니면 돼.'라는 식의 개인주의와 냉소주의를 맞닥뜨리면서 그럴 때마다 내가 무너지면, 또는 내가 주장하지 않으면 환자에게 돌아오는 혜택이 줄어든다는 걸 알았다. 조언은 틀에 박힌 말이었다. 그것이 당연히 옳기 때문에 틀에 박힌 표현이었다. 그리고 세상은 틀에 박힌 오래된 경구를 지키는 것도 힘이 드는 곳이다. '이게 그런 뜻이구나!'라고 깨닫고 한층 어른이 되었다. 나는 너무 많은 대가를 치르고 환자들에게 상처를 주면서 이를 깨달았다. 다른 사람들은 나와 달리 먼저 이를 체득하길 바란다. 환자를 보고 간다는 것은 주위 교수와 타 직종에 휘둘리지 않고 묵묵히 내 권리를 찾을 때, 환자에게 돌아가는 혜택이 크다는 것이다.

요즘도 분위기에 휩쓸려 템포가 빨라지는 순간 나는 그 학생의 고개 숙인 얼굴이 생각난다. 누군가는 암처럼 힘들고 큰 수술이 필요로 하는 문제가 아니라고, 또한 음성장애가 소수 문제라고 환자 각자 개인의 문제를 낮추어 보고 무시하는 말을 한다. 하지만 환자 개개인에게 이 문제는 그들에게는 닥치지 않은 암보다 더더욱 절실하게 해결을 원하는 힘든 상황이다. 소수를 위한 치료사이기에 약한 힘을 지녔지만, 이 또한 숙명이라고 생각한다. 부글거리는 끓는 물처럼 자신의 내면을 토로하기 시작한 환자를 나 자신의 편의를 이유로 내가 싸워 온 다른 사람들처럼 차가운 병원의 무관심으로 식히고 실망하게 하여 비관토록 하는 일을 피하자. 글솜씨가 부족한 내가 보다 인상적인 말로 꾸밀 수 없는 내 각오다!

2. 이사 전문 언어재활사

병원에서 일하는 언어재활사도 다른 직종과 마찬가지로 정규직이나 계약직으로 채용된다. 규모에 따라 다르지만 보통은 사설 언어치료기관에 비해 파트타임으로 일하는 경우는 적은 편이다. 처음부터 정규직으로 채용되는 경우는 많지 않고 대개는 우선 계약직으로 채용된다. 처음부터 정규직으로 뽑는 경우에는 주로 경력직을 뽑는다. 그래서 내가 정말 오랫동안 일하고 싶은 병원이라면 계약기간 동안 정규직으로 채용될 수 있는 일말의 가능성을 잡기 위해 많은 노력을 기울이게 마련이다. 그 과정을 거쳐 정규직으로 채용된다면 정말 감사한 일이지만 정규직으로 전환되지 못하면 2년 동안 근무 후에 짐을 싸야 한다. 그리고 알다시피 병원 중에서도 많은 이들이 일하고 싶어 하는 대형병원은 그 취업문이 매우 좁다. 저성장 시대 많은 사람들이 그러하듯 나 또한 임상에서 일하는 동안 취업으로 인해 많은 어려움을 겪었고, 정규직 채용이 안 되어 여러 차례 이삿짐을 싸야만 하였다. 또 참 이상하게도 내가 일하는 동안 치료실을 이사하거나, 병원 전체가 리모델링을 한다거나 하는 경우가 있어서 이때도 피치 못하게 짐을 많이 싸야만 했다. 그래서 아이러니하게도 짐 싸는 실력이 늘어서 스스로를 '이사 전문 언어재활사'라고 자조적으로 부르곤 했다.

계약직으로 일하면서 노심초사하다가 결국에는 재계약이 좌절되고 짐을 쌀 때에는 정말이지 유난히 처량한 노래들만 귀에 쏙쏙 들어와 박히고 그 노랫말들은 다 내 얘기인 것만 같았다. '이 넓은 세상에 내 자린 없나? 붐비는 거리에 나 혼자인가? 날 위한 빈자리가 하나 없나?' 따위의 가사들이다. 마치 짝사랑하던 상대에게 냉정하게 거절당한 것과도 같은 기분이었다. 내가 조금 더 열심히 했더라면, 치료 실적이 조금 더 좋았더라면, 논문이라도 한 편 썼더라면 혹시라도 정규직으로 전환될 가능성이 있지 않았을까? 본연의 직무와 별 상관없는 과외의 일들도 정규직 전환에 도움이 될까 싶어서 열심히 도맡아서 했었는데, 나는 어차피 잠시 스쳐가는 사람이고 노력해도 안 되는 것이었을까? 그렇다면 내가 병원의 선배와 동료들에게 느꼈던 정은 다 무엇이었나? 이 거대한 병원에 내 자리가 하나 없는가 하는 생각들이 꼬리에 꼬리를 물고 머리를 떠나지 않았다. 한때 자부심을 가지고 드나들었던 병원 건물이 나에게는 출입이 허락되지 않은 차갑고, 거대하며, 위압적인 성벽처럼 느껴졌으며, 나는 그 안에서 환영받지 못하는 외부인처럼 느껴졌다. 사실 나는 공부와 취업을 늦은 나이에 시작했다. 그럼에도 한결같이 날 응원해주었던 아내에게도 면목이 없었다.

그러나 돌이켜보면 자책할 필요는 없지 않았나 싶다. 계약직을 정규직으로 전환시켜 주는 일은 그 계약직 언어재활사가 얼마나 열심히 직무에 충실하고 어떤 성과를 내었는가와 무관하게 이미 정해져 있는 경우가 많기 때문이다. 내가 소속된 진료과가 '사람을 한 명 더 뽑아주십시오'라고 할 만한 여건이나 위상을 갖추지 못하고 있을 수도 있고, 병원 전체가 추가로 정규직을 채용할 만한 재정적 여유가 없을 수도 있으며 여유가 있더라도 계약직을 반복 채용하는 것이 정규직을 지속적으로 채용하는 것보다 경영상 더 나은 판단이라고 병원 전체의 경영방침이 정해졌을 수도 있다.

스스로 자책하며 자신감을 잃기보다는 경험 속에서 무언가를 얻는 게 더 중요하다고 본다. 정규직이 되지 않았다고 내가 계약기간 동안 배운 직무 경험과 인간관계는 사라진 게 아니기 때문이다. 시간이 지날수록 나는 더 원숙해지고 어느 병원이고 원하는 언어재활사로 거듭나기 마련이다. 나중이 되면 이렇게 쌓은 지난 일들이 커다란 산이 되어 나를 끌어올려 준다. 나의 경우를 더 말해보자면 재활의학과 정규직 채용에 실패하였기에 기회가 돌아 이비인후과에서 일해 볼 수 있었고, 내 적성에 맞는 음성장애 분야를 만날 수 있었다. 재활의학과와 이비인후과를 모두 경험해 본 나의 폭넓은 임상경험은 실제 치료현장에서 많은 시너지효과를 냈다. 만일 내가 한 우물만 팠다면 지금보다 협소한 지식을 가지고 환자를 대했을 것이다. 이를 보면 이리저리 떠도는 삶이 무조건적으로 나쁘기만 하지는 않다.

계약직 생활의 고충을 더 말해보고자 한다. 자리 잡지 못한 부평초 같은 신세라 직장을 바꾸면서 집과 멀리 떨어진 곳에서 근무하는 일도 생긴다. 첫 직장에서 정규직 전환에 실패하고 경기도의 한 병원에서 일자리를 구했다. 당시 나는 서울의 서쪽인 양천구의 김포공항 근처에 살았고 병원은 경기도 동부였기에 매일 멀고 먼 출근길에 올랐다. 처음에는 뭘 모르고 강변북로를 따라 출퇴근했더니 언제가나 싫은 교통체증 때문에 정신적으로 너무 지쳤다. 이대로는 스트레스가 심하다 싶어서 수도권 제1순환고속도로로 출퇴근 경로를 바꾸었다. 왕복 120km임에도 차도 덜 막히고 소요시간도 생각보다는 적어서 시름을 덜었지만 장거리 운행에 따른 연료 소모가 극심했다. 한 달 기름값만 60~70만원에 톨게이트 비용도 15만원 가량 청구되었다. 이른 시간에 출발해야 하다 보니 운전할 때도 정신 차리기 힘들었다. 지금 생각하면 사고가 나지 않은 게 천운이었다. 퇴직할 때쯤 들은 말로는 나와 같은 고충을 토로하는 직원도 있었다. 길도 같았다 하니 잘 모르는 사이였지만 동병상련의 심정이었다.

돌이켜보면 원해서 한 이직은 아니었지만, 이직을 하면서 어려움을 극복하는 방법이나 사회생활에서의 예의, 직장에서의 요령과 같은 것들을 배울 수 있었다. 또 하나 내가 계약직 생활을 통해 얻은 교훈을 말하고 싶다. 어느 직장이건 마찬가지이겠지만 마지막까지 좋은 기억만 남긴 채 떠나려면 나의 뒤를 잇는 후임 인복도 있어야 한다. 즉 이직을 할 때에는 내가 좋은 직장을 구하여 가는 것 못지않게 좋은 후임이 현재의 내 위치에 와서 나의 자취가 조용히 지워지는 것도 대단히 중요하다. 나도 다른 사람의 자리를 이어받을 때 이와 같은 믿을 만한 후임이 되고자 노력하였다. 만약 좋은 후임이 오지 못한다면 일정 기간 내가 번거로워지거나 원망을 듣는 사태가 발생할 수도 있다. 누구든 새 직장에 적응하느라 바쁘고 정신없는 마당에 이전 직장의 문제에 신경 쓰는 일은 상당히 괴로운 일이다. 가능하면 일정 기간 여유를 가지고 선후임 간 인수인계하는 것이 가장 이상적이지만 항상 가능하지는 않다. 이직을 하였을 때, 여러 사정 때문에 고작 하루 정도만 전임 선생님께 인수인계를 받아서 이직 초기에 업무를 파악하고 적응하는 데 상당한 어려움을 겪었던 기억이 있다.

지금의 대학교 근무가 나의 첫 정규직 생활이다. 요즘 같은 시기에는 오랜 기간에 걸쳐 기여를 하고 소속되어 일하고 싶은 병원에서 일하는 것은 병원 언어재활사로서 정말 감사하고 행복한 일이다. 아직 안주할 병원을 찾아 이전의 나와 같은 고민과 고생을 하는 후배 언어재활사 선생님들에게 행운이 가득하시길 바란다.

3. 저도 사람인지라……

병원에서 근무하는 언어재활사는 내원하는 환자를 1차로 면담하여 자발적으로 환자를 진단하고 평가/치료하기보다는 의사의 지시를 받고 움직이는 경우가 대다수이다.

나의 근무처인 이비인후과도 마찬가지이다. 이비인후과에서 내가 주로 만나는 환자는 말소리를 만들어 내는 데에 불편함을 느껴 내원한다. 불편함은 기질적, 기능적, 신경학적, 심리적 혹은 복합적인 원인에 의한 질환으로 인해 발생할 가능성이 크다. 그래서 먼저 의사가 진료를 보고 질환에 대한 의학적인 진단을 내린 후 음성평가나 음성치료 처방을 내린다. 처방을 받은 환자 중에는 인터넷 검색이나 지인 소개 등을 통하여 미리 음성검사나 음성치료에 대해 알고 오는 경우도 있지만, 병원을 방문했다가 생각지 못하게 음성검사나 음성치료를 받으라는 이야기를 듣는 경우가 많다. 후자의 경우에는 음성검사나 음성치료라는 것을 처음 들어보거나 생소해 하는 사람들이 대부분이다. 데스크 직원에게 미리 설명을 듣고 검사 및 치료실에 들어왔어도 자신이 받는 검사나 치료가 방금 전 설명들은 것으로 생각하지 못하기도 한다. 여러 해 동안 이비인후과에서 근무하면서 음성검사 및 음성치료에 대한 이해가 부족한 상태로 과정이 진행되면 크고 작은 트러블이 발생할 수도 있다는 것을 수차례 경험하였다. 그렇기에 나는 환자를 처음 만나면 지금부터 시행할 검사나 치료라는 것이 무엇인지, 어떻게 진행되는지, 왜 해야 하는지를 설명하는 것부터 시작한다.

“지금부터 음성검사를 할 거예요. 음성검사는 언어재활사가 검사장비를 사용해서 환자분의 현재 목소리를 주관적, 객관적 방법으로 수치화해서 평가하는 것이에요. 검사결과에 따라 어떤 치료방법을 선택할지 결정하고, 예후를 예측하는 기본 자료가 될 것입니다. 그럼 검사를 시작해도 될까요?”

설명을 들은 환자의 대다수는 긍정적인 답을 준다. 그러나 긍정적인 답을 하고도 검사가 진행되는 도중이나 끝난 후 불만을 토로하는 환자가 있다. ‘꼭 검사를 해야 하냐, 이렇게 해서 뭐가 문제인지 알 수 있느냐, 똑같은 검사를 다른 병원에서도 했다, 소리 몇 가지 내고 이렇게 비싸게 검사비를 받느냐.’ 등의 말을 한다. 이런 경우에는 검사의 목적을 다시 설명하고 환자의 추가 질문에 답을 하면서 검사를 진행하느라 진땀을 뺀다. 심지어 검사결과를 다 듣고도 환불해 달라고 억지를 부리는 경우도 있다. 그나마 검사는 양호한 편이다.

“음성치료는 흔히 감기 치료처럼 약을 먹거나 주사를 맞는 치료와는 조금 달라요. 문제 발생의 원인과 이전에 받은 수술 등의 치료방법에 따라 어떤 음성치료방법을 적용할지 조금씩 달라지지만, 간단히 얘기하면 근육 움직임의 습관을 더 효율적인 습관으로 바꾸는 연습을 한다고 생각하시면 돼요."

음성치료가 생소한 환자의 표정에는 실망감이 서린다. '치료'라는 단어 때문인지 금방 증상이 호전될 것이라는 기대가 한순간에 사라져서 그럴 것이다. 그 순간 나도 잠시 긴장하지만 곧 평정심을 찾으려고 노력하면서 설명을 이어나간다.

"사람마다 목소리를 나쁘게 만드는 원인이 다른데, 그것이 무엇인지 찾아서 간접적, 직접적으로 제거하는 과정이 필요해요. 간접적인 치료는 상담과 목소리를 관리하는 방법(음성위생)에 대해 이야기 나누면서 나쁜 영향을 주는 행동은 일상생활 중에 자제하고 좋은 영향을 주는 행동은 더 실천하도록 권고하는 것이에요. 직접적인 치료방법은 목소리 변화에 영향을 줄 수 있는 비효율적인 발성습관을 조금 더 효율적인 습관으로 바꾸어 줄 수 있도록 연습하는 것이고요. 습관을 바꾸는 게 쉽지 않다는 것을 아실 거예요. 가능하다면 정기적으로 치료실에 방문해서 음성훈련을 하고, 다음 내원 시까지 저와 훈련했던 편안하게 발성하는 방법을 연습하고 실생활에도 적용해 보면서 익숙하게 만드는 연습을 꾸준히 해 주셔야 해요. 제가 올바른 방법을 잘 설명해 드리는 것만큼 평소에도 바르게 발성하려고 노력하고 조금씩 시간을 내어 연습하려는 의지도 중요합니다. 그 방법을 이제 알려드릴게요."

나의 설명에 환자는 '기계 장비를 사용한 물리적인 치료는 없냐, 수술을 해서 문제점을 제거할 수는 없냐, 이게 효과가 있기는 하냐, 연습을 꼭 해야 하는 것이냐?' 등의 질문을 쏟아낸다. 이때 환자의 표정에서는 걱정, 의심, 약간의 적대감 등의 감정이 비친다. 환자의 필요에 맞추어 추가 설명을 해 드리면 대부분 수긍을 하고 치료가 진행되지만, 간혹 기분이 상하게 되는 상황이 발생할 때도 있다.

비스듬히 의자에 기대어 앉아 다리를 꼬고 "어디 한번 해보세요, 그럼." 하는 환자.

증상이 경미하여 직접적인 치료까지는 필요 없을 것 같다고 설명하고, 음성위생, 스트레칭 및 후두마사지와 같은 외부 근육 이완 방법, 입술 떨기와 같은 간단한 보컬 워밍

업(vocal warming-up) 등을 설명하고 시연하니 치료실을 나가면서 "그냥 아무나 할 수 있는 말이네요." 하는 환자.

성대 수술 후 첫 음성치료 회기에서 "수술을 했는데 왜 이런 걸 해야 되고, 왜 내 원래 목소리로 안 돌아와요?" 하면서 치료 회기 내내 화를 내는 환자.

음성치료를 시작하기 전에 음성치료의 목적과 앞으로 어떻게 진행될 것인지를 설명하는 과정에서 갑자기 화를 내면서 "이런 거는 유튜브 보면 다 나와 있는 건데! 나 혼자서도 할 수 있는 건데 이런 걸 하라고 해요? 나 상대로 사기 쳐요?" 하는 환자.

음성산출 기전을 설명할 때 사용하는 사진과 동영상 자료를 보면서 성적인 농담을 하는 환자.

기분이 상하게 되는 순간이 첫 회기에만 있는 것은 아니다.

여러 차례 회기가 반복되어도 증상이 호전되지 않는다고 언짢아해서 연습은 좀 해보셨냐고 물어보면 "아니. 내가 바빠서 연습은 못 했지. 아무리 그래도 이렇게 효과가 없어요?" 하는 환자.

6년 이상 내원하였지만, 한 언어재활사에게서 받은 음

성치료가 3회를 넘지 못하고 여러 번 언어재활사를 바꾸어 치료를 진행하면서도 자가훈련은 커녕 치료실에서조차 연습하려 하지 않아 격려하는 언어재활사에게 "못 하겠는데 어떡하라고요!"라고 짜증을 내는 환자.

여러 경로를 통하여 정보 검색을 한 후 무리가 될 수 있는 치료법을 매회기 들고 와서 "어느 인터넷 카페 혹은 유튜브를 보니 이런 방법으로 나왔다고 하더라고요." 해서 나와 훈련했던 건 연습해 보셨냐고 물어보면 "아니요." 하는 환자.

치료 회기마다 어두운 표정으로 와서 컨디션이 안 좋거나 치료 진행에 있어서 언짢은 부분이 있는지 물어보고, 나의 방법이 맞지 않으면 언어재활사를 바꾸어 진행할 수도 있다고 말하니 "아니에요. 하기 싫은데 의사 선생님이 하라고 하니까 그냥 하는 거예요." 하는 환자.

'그럴 수도 있지. 불편하니까 부드럽게 표현하기는 힘들 수도 있지. 불안하니까 여러 가지 방법을 찾아보고 시도해 볼 수 있지.' 하면서도 나도 '사람'이기에 기분이 상하고 마음이 불편할 때가 있다. 될 수 있는 한 나의 감정은 드러내지 않고 웃으면서 환자를 대하려고 노력하지만, 내면에 쌓이는 스트레스는 어쩔 수가 없다.

앞서 열거한 무례한 언행들은 언어재활사 생활을 하면서 맞닥뜨릴 수많은 분노의 순간에 비하면 아주 사소한 일에 불과하다. 그럼에도 내가 이런 나의 경험을 풀어쓴 까닭은 이 사소한 일에서도 마음의 상처를 받을 수 있다는 점에 많은 언어재활사가 공감할 것 같았기 때문이다. 그리고 앞으로 병원에서 근무하게 될 후배 언어재활사들에게는 '이런 경우에 나는 이렇게 대처해 봐야지.'라고 한 번쯤은 생각해 볼 수 있는 기회가 되어서 혹시 모를 불쾌한 상황에 적절히 대처하여 스트레스를 덜 받았으면 하는 바람이 있기 때문이다. 환자와 대면하는 일이라 항상 좋은 일만 있을 수는 없겠지만, 모든 언어재활사가 불쾌한 경험이나 화나는 상황을 겪지 않기를 글을 마무리하면서 바라본다.

4. 여전히 이해가 부족합니다.

사촌동생은 청각장애를 안고 태어나 어릴 때 양측 인공

와우 수술을 받았다. 그 모습을 보면서 컸던 나는 청각장애인이 듣고 말을 할 수 있는 것이 사랑하는 사람들의 희생과 헌신의 결과라는 것을 누구보다 잘 알고 있다. 그래서 근래 관심을 가지게 된 청각장애 학생들이 경험하는 냉혹한 현실에 상심이 크다.

아기들은 뱃속에서부터 엄마, 아빠 목소리를 들으며 자라게 되는데 일상생활에서의 다양한 소리자극을 듣고 모방하면서 언어발달이 시작된다. 그런데 듣기의 어려움으로 언어발달이 폭발적으로 증가하는 시기를 놓치게 된다면 재활에 소요되는 시간과 비용이 배로 늘어나기 때문에 조기에 수술하는 것이 매우 중요하다.

인공와우 수술은 보청기를 착용해도 청력이 나아지지 않을 경우 달팽이관 내에 전극을 삽입해 청신경을 자극하여 소리를 들을 수 있도록 해주는 수술이다. 하지만 수술 후 바로 듣기 문제가 해결되는 것은 아니다. 수술을 받은 유/소아의 경우 처음 인공와우를 통해 들어오는 소리가 기계음과 같은 불편한 소리라 펑펑 울며 착용을 거부하기도 한다. 이 불편한 소리는 전기자극의 양을 조절하여 편하게 들을 수 있도록 하는 매핑으로 제거된다. 그리고 듣기 및 의사소통 훈련인 언어치료를 실시하여 언어발달을 한다. 언어재활사, 청각사, 보호자가 한 팀이 되어 꾸준한 청능재활을 통해 또래와 비슷한 언어발달이 이루어질 무렵이면 자연스레 학교생활을 시작하는데 여기서 새로운 어려움과 맞닥뜨리게 된다. 인공와우를 착용했다고 또래들로부터 놀림을 당하는 경우, 말을 제대로 듣지 못해 오해 받는 경우, 말할 기회를 놓치는 경우 등 수많은 벽에 부딪히게 된다.

이런 점은 사촌동생이 학교를 다닐 때와 지금이나 별반 다를 게 없다. 여전히 청각장애인에 대한 이해가 부족하다. 수업방식부터 일반 학생들에게 맞춰져 있기 때문에 토론 수업이나 팀워크 활동에서 청각장애 학생은 많은 제약을 받는다. 수업환경에서 여러 명의 말소리가 겹치는 경우 청각장애 학생은 제대로 듣지 못한다. 어쩔 수 없이 수업내용 이해를 위해서 질문을 하는데 간혹 학생의 사정을 고려하지 않고 질책하는 선생님이 있다고 한다. 이런 경우 청각장애 학생은 주눅이 들어 다음부터는 질문을 하지 않게 되거나 활동 참여를 꺼리게 된다. 정책적으로 청각장애 학생의 학습권 보장을 위하여 보조공학기기 지원 사업이 있지만 실제로 일반학교 내 선생님들이 해당 사업에 대해 아는 경우가 거의 없고 당연히 사전 안내도 없어서 청각장애 학생 부모님들이 직접 지원 사업을 찾아서 신청하는 실정이라고 한다. 이마저도 지원 기간을 놓치게 되는 경우가 허다하다.

미비한 지원 제도와 장애에 대한 소홀한 인식은 많은 청각장애 학생들에게 소외라는 아픔을 주며, 일부는 마음의 상처를 안고 특수학교로 전학을 가는 경우도 있다. 만일 학교 현장에서 장애학생에 대한 충분한 케어와 지원이 이루어진다면 앞서 언급한 경우가 자주 발생하지 않았을 것이다. 우리 사회는 아직 교육 일선에서 배려가 필요한 사람에 대한 대처방안이 미흡하다. 그리고 부족한 점에 대한 자각이 부족하여 개선의 시도가 이루어지지 않는 면이 있다고 여겨진다.

나는 이런 인식들이야말로 우리 사회가 청각장애 학생을 비롯한 무수히 많은 약자들에게 상처를 주는 원인이라고 생각한다. 청각장애에 대한 지원도 중요하지만 모든 사람들이 장애를 이해하는 것이 먼저라고 생각한다. 누군가 알려준 적도 없기 때문에 어찌 보면 소통할 준비가 되어 있지 않는 것은 당연하다. 나 역시도 사촌동생이 청각장애인이기 때문에 이해할 수 있었는지도 모른다. 시력이 좋지 않은 사람들은 안경을 끼지만 시각장애인이라고 생각하지 않은 것처럼 어릴 때부터 인식개선을 위한 교육으로 청각장애인도 단지 귀가 조금 불편한 사람이지만 노력하면 무엇이든 할 수 있다는 것을 알려준다면 청각장애인에게 훨씬 더 다가가기 쉽지 않을까? 원치 않은 장애로 인해 누구에게나 약속된 행복한 삶의 기회를 교육현장에서 박탈당하는 건 슬픈 일이다. 나는 아직도 예전과 다르지 않은 우리 사회 일선에서 버젓이 발생하는 장애에 대한 소홀한 대처에 대해 많은 인식적, 제도적 지원이 더욱 필요하다고 생각한다.

5. 스트레스는 음성의 적

충청남도에 거주하는 60대 후반의 여성이 약하고 가늘며 쉰 목소리로 인해 말을 산출하기 어렵다며 혹시 후두암

이 아닐까 하는 걱정으로 서울에 위치한 대학병원 이비인후과 음성클리닉에 내원하였다. 음성평가 결과, 근긴장성 발성장애(muscle tension dysphonia)로 진단 받았다. 발성 시 성대의 진동이 거의 없는 무성음에 가까운 소리가 산출되어 음향학적 평가인 MDVP(Multi-Dimensional Voice Program)에서 분석이 어려울 정도였다. 이러한 목소리가 언제부터 산출되었는지를 정확하게 기억하지는 못하지만 아마도 4~5년 전쯤일 것이라고 말했다. 후두스트로보스코피 상에서 양성이나 악성 병변은 발견되지 않았으나 성대가 불완전하게 접촉하는 양상을 보였다. 그리고 전반적인 신체의 긴장이 나타났고, 특히 목과 흉부의 긴장이 심했다.

음성평가 후 바로 음성치료가 진행되었는데, 우선 상복부 중심의 신체 긴장 이완을 위해 어깨운동과 허리운동 등을 실시하고, 후두 및 후두 주변 근육의 마사지를 통해 근육을 이완시키는데 초점을 두었다. 후두마사지를 실시하는 동안 환자분은 상당한 통증을 호소하였고, 흉쇄유돌근을 마사지할 때에는 손만 가져다 대도 자지러지게 아파했다. 긴장 이완과 후두마사지를 한 후 복식호흡 훈련과 반폐쇄성도훈련을 실시하였고, 부드럽게 발성을 시작하는 등의 활동을 하였다. 그러나 이러한 음성치료가 효과를 보지 못한 가운데 보컬 프라이(성문이 거의 폐쇄된 상태에서 약한 호흡이 만들어 내는 낮고 긁는 듯한 목소리)와 성대를 이완하면서 접촉하도록 하는 웃기를 실시하였다. 처음에는 몸 전체가 긴장하고 힘이 잔뜩 들어간 상태에서 한 번도 웃어본 적이 없는 것처럼 웃기를 버거워하였다. 이에 이완을 돕고자 손으로 환자의 가슴을 가볍게 두드리면서 웃기를 시도하였더니 맑은 소리가 흘러나오는 것이 아닌가? 웃기를 반복하며 모음 발성으로 연결하는 동안 정상 발성 패턴이 5~6초 정도 지속되었다. 환자는 자신의 이런 목소리를 들어본 지가 정말 오래된 것 같다고 기뻐하였지만 이마저도 잠깐이었다. 일반화를 위해 웃기를 동반하지 않은 상태에서 모음이나 단어를 말할 때는 원래의 약하고 쉰 목소리가 다시 산출되었다.

이 글은 음성치료를 설명하고자 작성한 것이 아니다. 이 환자의 경우 첫 면담 과정에서는 자신의 음성변화가 왜 일어났는지에 대해 말하기를 거부하였다. 환자와의 라포가 형성되면서 가정의 경제적인 어려움과 자녀로 인해 경험한 스트레스가 너무나도 힘들었다고 말해주었다, 그리고 여전히 이러한 상황이 해결되지 않은 상태라고 하였다. 스트레스는 자신의 음성을 변화시켰고, 스트레스가 항상 자신의 몸을 짓누르고 있지만, 만성이 되어 버린 지금은 자신의 몸이 긴장하고 있는지조차 느끼지 못한다고 하였다.

스트레스는 모든 병의 근원이라는 말이 있다. 음성 또한 마찬가지로 스트레스에 영향을 받는다. 일시적이든 지속적이든 스트레스는 신체의 긴장을 동반하게 되고, 이러한 긴장은 후두와 후두 주위의 근육 긴장을 초래하여 성대의 진동을 어렵게 만들어 목소리의 변화를 초래하게 된다. 이것을 근긴장성발성장애라고 한다. 근긴장성 발성장애로 인한 음성변화는 정도의 차이가 있을 수 있다. 그러나 위 환자의 경우는 극심한 스트레스가 긴장을 초래하여 성대의 진동이 전혀 이루어지지 못해 음성산출이 불가능하였으며 환자 자신은 이러한 신체의 긴장을 인식조차 하지 못할 정도에 이른 것이다.

6회 정도의 음성치료를 진행하는 동안 환자는 웃기기법을 적용한 음성치료에만 잠시 호전을 보이고 완전 회복의 기미가 잘 나타나지 않았다. 결국 병원비 부담과 먼 통원거리를 이유로 치료를 중단하게 되었다. 음성산출이 불가능할 정도의 음성 제한의 주된 원인이었던 경제적인 이유가 다시금 환자에게 장애물이 되었다. 10여 년이 지난 지금도 이 환자가 계속 기억에 남는다. 조금만 더 치료를 진행했다면 조금이나마 긴장감으로부터 벗어나 편하게 웃을 수 있고, 좋은 소리를 산출할 수 있었을 텐데라는 아쉬움과 함께 말이다.

우리는 항상 다양한 스트레스 속에서 살아가고 있다. 그리고 스트레스를 어떻게 감당하고 대처하는지에 따라 질병이 유발되기도 한다. 이 환자의 경우처럼 스트레스는 심각한 음성의 적이 될 수 있다. 다양한 질병들 가운데 음성 문제나 음성변화는 생명의 위협을 가하지 않는 경우라면 어쩌면 큰 문제가 아닐 수도 있다. 그러나 음성이 자신의 정체성을 대변하는 수단인 만큼 의사소통이 원활하게 이루어지지 않으면 스트레스를 받게 되고 그 자체가 큰 문제라고 인식할 수도 있다. 따라서 우리의 음성을 보호하기 위해서라도 스트레스를 경감시키고 다룰 수 있어야 할 것이다.

6. 충분히 잘하고 있어!

병원에서의 하루는 시간표대로 정말 빡빡하게 돌아간다. 우선, 끊임없이 환자를 본다. 지연이라도 안 되면 다행이다. 순간순간 한 사람에게 진심으로 내 에너지를 쏟으며 치료를 하다 보면 기운이 쏙 빠진다는 말이 맞다는 걸 알 수 있다. 지금은 근무환경이 좋아져서 점심시간이 쉬는 시간답다고 느끼는 날이 늘어났지만, 몇 년 전만 해도 점심만 먹는 시간이 점심시간이구나라고 생각하면 됐었다. 옷에 음식냄새가 배어있는 채로 바로 환자를 만나는 날들도 많았으니까 말이다. 직장생활을 하는 사람들에게 점심시간은, 잠깐의 여유로운 휴식과 오후를 위해 재충전하기 위한 귀중한 시간인데 그런 바쁜 날들이 계속되다 보면 지치기 마련이다. 환자가 많은 병원이다 보니 난이도가 다양한 진단들과 그에 따르는 어려움을 많이 경험하게 된다. 1만 시간의 법칙대로라면 전문가가 되기 위해 많은 시간을 할애해야 한다. 하지만 말이 좋아야 1만 시간이지 환자를 돌보는 일을 아무 곳에서나 할 수 없는 노릇이다. 처음에 미숙한 내가 어느새 그럴듯한 언어재활사 노릇을 하게 되었다. 이런 점에서는 지금의 내 실력은 바빴던 일터에 그 공이 있다 할 수 있겠다.

힘들다 보면 건강에 이상이 생기기 마련이다. 남들에게는 가벼울 수 있는 감기가 음성 언어재활사에게는 정말 큰 장애요소이다. 음성치료를 하는 치료사의 목소리가 좋아야 환자에게 신뢰감을 줄 수 있다. 또, 목소리가 이상이 없어야 올바른 시범이 가능하다. 하루 종일 환자를 응대하고 목소리를 치료하다 보면 감기 걸린 목으로 정말 이렇게까지 무리를 해야 하는가 싶을 정도다. 그래도 어쩔 수 없이 아픔을 참아야 하는 상황이 있기 마련이다. '아파도 직장이 병원이니 병원에 와서 아파라'라는 말을 들었을 때는 참 서러웠다. 직장이 병원인데 정작 내 아픈 곳을 치료하기는 힘들다.

덕분에 자기 관리의 중요성을 몸소 느끼게 되었다. 목소리로 해야 하는 일인데 내 목이 아프다고 상황을 탓할 수만은 없는 일이 아닌가? 감기의 신호가 오면 크게 아프기 전에 먼저 보호 태세를 갖추고, 업무의 페이스를 조절하기 시작한다. 그 또한 실력이라는 것을 느껴가며 어느새 근무

복이 어울리는 언어재활사가 되었다.

우연히 병원 소식지에서 같은 과 교수님의 글을 읽게 되었다. "처음엔 수술에 소질이 없다고 생각했어요. 그런데 누구나 한 길을 꾸준히 가다 보면 잘할 수밖에 없어요." 이 한 구절을 여러 번, 그리고 반복해서 천천히 읽게 되었다. 위로가 되면서도 힘이 되는 말이었다. 각 분야의 전문가들만 모아놓은 집단에서 어깨를 나란히 하고, 내 위치를 책임져야 하는 그 무게감은 환자를 치료하는 의료인이라면 충분히 느껴보았을 것이다. 내가 잘 치료하고 있는 것일까? 더 빠르게 좋아지는 방법은 없는 것일까? 맞는 방법을 하고 있는 것인가? 지금까지도 계속 위의 의문들은 현재진행형이다. 그런 생각을 놓치지 않고 하다 보면 적어도 현재 수준에 정체하지 않을 거라 믿는다.

음성 언어재활사로서 병원에서의 생활은 환자의 음성을 평가하고, 치료하고, 환자 케이스에 대해 의논하는 컨퍼런스 시간을 가지며, 좋은 아이디어로 연구도 진행하며 참 바쁜 날들의 연속이었다. 그 안에서 힘듦과 서러움들이 함께 있었지만 많은 기회가 주어졌고, 나는 성장해왔다. 나 자신을 대견하게 여기면서 칭찬하고 싶다.

'걱정 마! 충분히 잘 하고 있어. 수고했어 오늘도! 응원할 게 내일도!'

7. 오늘도 통계와 싸우다.

대학원 졸업과 동시에 병원 음성 언어재활사직에 지원하여 합격 메시지를 받았다. 메시지를 받고서 지금껏 공부하고 실습한 지식을 기반으로 환자의 치료를 위해 최선을 다해야겠다는 결연한 의지를 다졌다. 당시 나는 병원에서 맡게 될 업무가 '환자의 음성검사/치료와 관련된 일' 뿐이라고 막연하게 생각했었다. 그러나 입사하고 나서 깨달았다. 실제 병원근무는 내 생각과는 많이 달랐다.

회사마다 운영방식이 다르듯, 병원도 병원마다 운영방식이 다르다. 일반적으로 본인이 근무하고 있는 진료과가 소속인 경우가 많으나, 나는 이비인후과에서 일하고 있지만 소속팀은 '특수검사팀'이다. 특수검사팀은 검사나 치료를 하는 직군을 모아놓은 곳이다. 이 팀에는 언어재활사,

간호사, 임상병리사, 청각사 등 다양한 직종들이 모여있고 다양한 진료과에서 다양한 직무를 수행한다.

입사할 때까지만 해도 단순히 환자 평가와 치료 관련된 일만 하면 될 줄 알았는데, 시간이 지날수록 메인 업무 이외에 해야 할 일들이 넘쳐났다. 우리 병원은 매해 초 성과계획을 세우도록 하는데, 나의 목표는 대개 연구, 의료인증평가 대비, 검사/치료 건수 증가, 대기일 수 감소, 업무효율성을 위한 직무로테이션(접수대 백업, 비과검사 백업) 등등이다. 그중 나를 가장 힘들게 하는 것은 검사/치료 건수 증감 추이를 보기 위해 매달 말일에 제출해야 하는 '통계' 였다. 한 달 동안 몇 건의 검사와 치료를 했는지 파악하여 작성하는 것은 어렵지 않았지만, 타 부서, 타 직종과의 검사/치료 건수를 비교하는 것이 나를 힘들게 하였다.

대부분의 3차 병원은 빠르고, 정확하게, 많은 환자를 보도록 운영구조가 세팅되어있다. 병원입장에서는 수익과 관련된 가장 객관적인 지표가 검사/치료 건수이기 때문에 매달 건수를 체크하는 것은 당연하다고 생각한다. 그런데 언어재활사와 같이 검사와 치료 소요시간이 긴 경우에도 다른 분야와 동일하게 건수로만 성과를 평가한다면 굉장히 서럽고 억울한 일이다. 우리 업무에 대한 이해도가 낮은 사람들이 보기에는 건수만 보면 언어재활사는 굉장히 편하고 쉽게 직장생활을 한다고 생각한다.

입사하고 난 뒤, 2년이 되는 시점에 어느 이유에서인가 병원 감사팀에서 감사를 나온 적이 있다. 근무 일지와 5년 동안의 건수 통계를 제출했고, 감사팀은 내가 하는 일을 일주일간 관찰하였다. 관찰이 끝나는 날 감사팀 직원들은 하나같이 말했다.

"선생님, 진짜 고생하시네요. 몸이 열 개여도 부족할 거 같아요."

그 말을 끝으로 감사는 종료되었다.

현재는 다행히도 단순 건수로 통계를 산출하는 것이 아니라 검사/치료 소요시간과 건수를 반영하여 산출하고 있다. 통계가 과도기를 거쳐 점차 적합한 산출 방법으로 바뀐 것처럼 언어재활사의 업무 인정 범위를 점차 늘려 앞으로 더욱 좋은 환경에서 일할 수 있으면 좋겠다. 예전에 비해 근무환경이 많이 좋아졌으나 아직 부족하다고 생각된다. 현재 언어재활사의 업무로 인정되는 것은 검사/치료뿐이다. 그러나 앞서 언급했듯 병원 언어재활사는 다른 부수적인 업무들이 굉장히 많다. 매주 진행되는 케이스/저널 컨퍼런스, 연구 등 부수적인 업무들은 정식 업무로 인정되지 않아 근무시간 외에 일해도 수당을 신청할 수 없다. 앞으로는 점차 병원 관련 업무들이 공식적으로 인정되어 지금보다 더 나은 환경에서 후배들이 일했으면 좋겠다. 그리고 더 나은 대우를 받으며 언어재활사로서의 보람을 느꼈으면 한다.

chapter 03

애(哀)

1. 포기 vs 선택
2. 나보다 나은 분을 만났더라면
3. 의욕만으론 부족해……
4. 늘 이별하는 중입니다.
5. 피곤해서 그런 게 아니었어요.
6. 나는 당신이 행복했으면 좋겠습니다.
7. 죄송합니다. 검사기기 점검으로 인해 30분 정도 지연 안내 부탁드립니다.

chapter 03

애(哀)

1. 포기 vs 선택

나는 언어병리학 박사학위자이다. 교수님들은 내게 말씀하셨다. 박사란 혼자 연구를 할 수 있는 독립적인 연구자의 단계라고, 그러니 박사학위를 받은 나는 누군가의 인도를 받는 게 아니라 스스로 모든 것을 해야 한다. 독립이란 자유인 동시에 책임이다. 이제는 성공도 실패도 모두 오롯이 나의 결실이었다.

누군가 왜 박사학위를 취득했냐고 묻는다면 음성장애 분야를 공부하는 것이 재밌어서라고 말할 것이다. 그래서 직업으로 음성 언어재활사가 되고자 결심했다. 박사학위 취득 후에 열악한 조건에도 대학병원의 공고에 지원한 까닭도 이 때문이다. 시간제 치료사로 시급은 6,200원, 근무일은 주에 고작 2일. 그럼에도 음성장애 임상을 맡을 수 있다는 단 하나의 이유로 모든 조건을 받아들였다. 이후 시간이 많이 흘렀다. 시간제 근로자가 계약직으로, 무기계약직으로, 그리고 마침내 정규직 근로자가 되었다. 정규직이 되고 나서야 대학 4년제 졸업자의 급료를 받을 수 있었다. 이제야 생계유지가 가능한 수준이니 엄청난 특혜나 고혜택을 받는다고 말하기는 어렵다. 어쩌면 많은 시간을 들여서 도달한 결과가 다른 사람의 출발점이라는 점에서 내가 굳이 언급하지 않는 많은 내외적인 어려움을 상상하고 안타깝게 느끼는 사람도 있을 것이다. 나는 긴 시간을 나의 활동으로 음성장애 분야의 악조건을 개선할 것이라는 희망과 중부권에서 거의 유일한 전문 음성치료실을 이끌어간다는 자부심으로 버텼다.

10년간 병원에서 근무하면서 많은 환자를 보았고, 많은 연구를 진행했다. 대학원 10년 동안 10편의 논문을 출판했다. 반면 병원근무 10년 동안 21편의 논문 출판, 학술대회 수상 2건, 언어치료워크북 1권 저술, 특허 등록 11건과 출원 1건을 하였으며 책임연구자로서 연구재단의 연구 4건을 수행했다. 도합 20년의 경력 중, 앞 10년과 뒤의 10년의 업적은 차이가 많다. 돌이켜보면 환자를 보면서 동시에 다수의 연구활동을 병행하는 것이 제정신이었나 하는 생각이 든다. 10년의 세월은 분명 바빴다. 하지만 매우 즐거웠다. 의무나 책임이 아닌 즐거움이 동력이었기에 내가 많은 일을 하는 것이 가능했다.

올해가 병원에서 음성 언어재활사로 재직한 지 10년이 되는 해다. 10주년을 기념 없이 보내고 싶지 않아서 나는 동종업계의 친분 있는 분들과 함께 에세이를 한 번 써보기로 기획하고 시작하였다. 앞으로 있을 즐거운 에세이 작업을 기대하며 글을 쓰는 와중에 또 한 번 내 인생의 전환점이라 할 만한 사건과 맞닥뜨리게 되었다. 10년이면 강산이 변한다는 옛사람의 말은 하나도 틀린 게 없다는 생각이 들 정도였다.

어느 날, 병원 집행부로부터 청각 언어치료도 담당해달

라는 연락이 왔다. 본래 청각 언어재활사가 전담하고 있어 음성 언어치료 담당인 나는 관여하는 사항이 아니었는데 이런저런 사정으로 내게 업무가 주어졌다. 특히 배운 적도 없는 인공와우 매핑업무도 전담하라고 하니 순간 막막해졌다. 두 분야의 업무에 새로운 기술을 배워야 하는 작업까지 정말 내 몸이 남아날까 싶은 양이었기 때문이었다. 당연히 나는 주저하여 선뜻 답하지 못했다. 어쩌면 지금 주어질 일이 새로운 기회가 될 수도 있었다. 하지만 과중해 보이는 책무를 내가 버틸 수 있을지 걱정도 들었다. 양쪽의 마음이 비등했기에 내 고민은 길어졌고, 조언을 구한 주변 사람의 말도 양쪽이 비등했다. 왜 내게 갑자기 이런 선택을 강요하는가? 왜 우리 병원은 전문가 대신 나 같은 문외한에게 일을 넘기는가? 왜 높은 사람이 내게 직접 사실상 통보와 같은 권유를 했는가? 나는 우리 병원의 이런 현실이 억울하고 답답했다. 그래서 고민하고 또 고민하느라 몸이 아플 지경이었다.

문득 성경의 한 대목이 머릿속에 떠올랐다. 성경을 보면 잡혀가기 전날 예수가 겟세마네 동상에 올라가 기도를 올린다. "엘리 엘리 라마 사막다니. 아버지여, 어찌하여 절

버리시나이까? 할 수만 있다면 이 잔을 내게서 옮기소서, 하지만 제 뜻대로 하지 마옵시고 아버지 뜻대로 하옵소서." 내 고민을 전 인류의 대속을 위해 십자가의 형벌을 받아야 하지만 이를 두려워하는 예수 그리스도의 고뇌에 비하는 건 지나치게 거창한 일일까? 하지만 새롭게 맞닥뜨린 일이 이전의 평온한 일상을 송두리째 뒤집을 것 같았기에 내 심정은 예수의 고민과 다르지 않았다.

가장 고민되는 건 음성장애가 아닌 청각장애라는 완전히 새로운 분야에 도전한다면 내가 지난 20년간 일궈온 음성장애에 대한 연구는 중단되거나 진전이 더뎌질 것이란 우려였다. 나는 요령이 없는지라 하나에 집중해야 겨우 성과를 본다. 이런 내게 세 마리 토끼를 잡으라 한다면 스텝이 꼬이고 선후관계가 복잡하게 꼬여 결국 어느 하나도 제대로 하지 못할 것이란 나 자신에 대한 의심의 두려움이 엄습했다. 결국, 많은 시간 동안 고민하다 청각 언어치료 업무를 담당하게 되었다. 맡은 직후 몇 달간 과도한 스트레스로 가슴앓이를 했다. 선택을 후회하는 일이 없기를 바랄 뿐이었다.

지금은 지난 선택이 기회를 잡은 것이란 생각이 강하게

든다. 아직 성과를 보기엔 이르고 속단하기엔 시일이 짧다. 새로운 분야는 어렵고 익숙하지 않지만 내가 새로운 시각과 방법으로 언어치료를 할 수 있게 도와주는 유용한 도구였다. 환자를 대하고, 연구를 하고, 나 자신을 갈고닦는다. 단지 이전과 방식이 조금 달라졌을 뿐이다. 가장 중요한 부분은 내가 언어재활사란 점은 하나도 변하지 않았다. 나의 결심과 신념은 여전히 같다. 난 10년간 기초를 쌓았다. 다음 10년간은 경험을 익혔다. 이제 앞으로의 10년은 변화를 겪을 것이다. 10년이 지나고 내가 다시 한번 글을 쓰고자 펜을 쥐었을 때, 지금 글에서 써낸 지난 세월처럼 반푼의 자화자찬과 새로운 변화를 맞이한 반푼의 두려움이 담겨 있으면 좋겠다. 그때는 이 글이 〈애〉가 아닌 〈락〉이었으면 좋겠다. 다음 강산이 변할 때까지 나는 여전히 환자를 위하고 더 좋은 언어치료를 위한 길을 묵묵히 걸어갈 것이다.

2. 나보다 나은 분을 만났더라면

병원에서 언어치료를 하다 보면, 환자의 증상이 개선되는 경우도 있고, 증상이 악화되는 경우도 더러 있다. 전자의 경우 매우 기쁘고 후자의 경우는 근심스럽다. 임상 경험이 쌓일수록 좋은 일, 나쁜 일 모두 생길 수 있지만 내 역량이 좌우하는 부분은 적다고 느껴진다. 그래서 임상 경험이 적은 시절에는 환자를 대할 때, 혹여 환자가 나보다 더 훌륭하고 언어재활사에게 치료받을 기회를 내가 박탈한 게 아닐까 하는 불안감을 종종 느끼곤 했다. 내가 환자를 치료하는 게 아니라, 환자가 무사히 나아서 일상으로 돌아갈 시간을 헛되이 소모시킨 건 아닐지 의심스러웠던 것이다. 환자를 위한다는 사명감이 오히려 독이 되었을 수 있다는 점에서 스스로 떠올린 생각임에도 등줄기가 오싹해졌다.

유난히 기억에 남는 케이스들은 마음이 아프거나 고민이 많았던 경우다. 하나 소개하자면 내가 근무했던 병원과 타 병원을 오가며 입원생활을 오래 한 실어증 환자의 경우가 있다. 처음 뵈었을 당시에는 전반 실어증(global aphasia) 환자로 중증도도 높은 편이었다. 두 달 간격으로 두 병원을 오가면서 집중치료를 받은 끝에 전반 실어증이 브로카 실어증으로 유형이 바뀌면서 중증도도 개선되었다. 환자가 독실한 기독교 신자였기에 이에 맞추어 치료 내용을 구성하느라 애썼고, 오랜 병원생활로 지쳤기에 이도 고려하여 독창적으로 세션 내용을 만들어야만 했다. 그런 노력에도 불구하고 환자는 마지막 세션까지 의사소통에 어려움을 겪었고, 너무나 장기간 환자를 치료하면서 내가 무능하여 환자에게 불필요한 고통을 주는 게 아닌가 하는 생각에 괴로웠다. 나중에 내가 병원을 옮기고 수년 뒤에 우연하게도 다른 병원에서 환자와 보호자를 만났다. 내 기억 속에 깊숙이 자리 잡은 환자였는지 드넓은 병원, 수많은 사람들이 오가는 복도에서 마주쳤음에도 한눈에 알아볼 수 있었다. 그들 모두 나를 잘 기억하고 너무나도 반갑게 인사했었던 기억이 난다. "그 때 선생님이 열심히 치료해 주셨던 것 잘 기억하고 있어요." 라는 보호자 말에 마음속에서 많은 것이 풀렸던 것 같다.

또 기억에 남는 특별한 케이스는 함께 음성치료를 받

은 두 형제다. 둘 다 학생이었다. 한 명은 변성 발성장애(mutational falsetto), 다른 한 명은 성대 폴립(vocal polyp) 때문에 병원을 찾았다. 후자의 경우 보통 수술치료를 고려하지만 어린 나이였고, 형제가 모두 음성문제로 고생하기에 같이 치료하기로 하였다. 성대 폴립의 원인이 음성 오남용이라 치료내용이 두 질환 모두에게 통하기 때문에 가능했다. 문제는 치료의 진척과정이었다. 변성 발생장애가 있는 학생은 첫 세션에 금방 목표음도(key sound)를 찾아 2, 3회기 만에 본인에게 맞는 음도의 좋은 음성을 찾았다. 그러나 성대 폴립의 경우는 음성치료를 한다고 단박에 효과를 보지 못하는 경우이지만 옆의 형제가 실시간으로 호전되는 모습을 보고는 조급한 마음이 들어 속상해했다. 결국 나아지지 않은 자신의 상태에 화만 내고 치료가 잘 진행되지 않았다. 사전에 설명을 했다지만 사람 마음이 어떻게 쉽게 납득이 되겠는가? 두 환자를 맞아서 한쪽은 성과가 있었으나 절반의 성공이라고 칭할 수는 없었다. 치료 실패는 실패다. 처음부터 기간을 정하여 일정 기간 시도치료(trial therapy)를 해보고 효과가 없으면 바로 수술적 중재를 하는 것으로 이야기하는 것이 더 바람직했을 것이다. 내가 의도

하지는 않았지만, 결국은 학생입장에서는 괜한 기대감을 가지게 될 수밖에 없지 않았나 하는 미안한 마음이 들었던 경우다.

유창성장애는 내가 언제나 좌절감을 느끼는 분야였다. 경계선급이나 정상적 비유창성 정도의 아이들은 함께 여러 가지 치료활동을 하고 부모님을 통해 간접치료를 해가며 효과를 본 케이스들이 많았지만, 성인 유창성장애 환자는 나에게는 그야말로 난공불락의 요새와도 같았다. 열심히 해도 나아지는 경우가 드물었다. 환자들은 결석하지 않고 성실하게 치료실을 방문하지만 호전되는 바가 없으니 나는 괴로웠다. 고백하건대 '제발 치료까지는 가지 말고 평가로 끝났으면 좋겠다.'고 바란 적도 많았다. 한 번은 라포를 잘 쌓은 대학생 환자와 터놓고 이야기할 기회가 있었다. 실은 그 환자는 나에게 오기 전에 이미 여러 치료실에서 좌절을 맛보았으므로 특별히 더 많은 것을 바라고 병원 언어치료실에 오는 것은 아니라고 하였다. 다만 병무청에 유창성장애에 대한 치료 기록을 제출하려고 하니 진단기록을 위해 병원을 온다고 했다. 병무청의 군의관은 아무래도 의사라서 그런지 '병원'에서 '정기적'으로 치료한 기록이 아니라면 잘 받아들이지 않는다는 이야기를 듣고 어떻게든 병원에서의 정기적인 치료 기록을 만들러 온다는 것이었다. 환자의 솔직한 말에 오히려 나도 마음의 짐을 약간은 덜고, 인생 선배의 마음으로 치료활동을 구성했던 기억이 난다.

마지막으로 지인 혹은 지인의 자녀 치료를 내가 맡은 경우가 기억에 남는다. 아이가 말이 늦거나 발음 발달이 더뎌서 걱정하는 경우나 말더듬증으로 의사소통에 어려움을 겪는 지인이 상담을 요청할 때가 있다. 10년 전에 화상채팅으로 외국에 사는 지인의 온라인 치료를 진행해 본 적도 있다. 그때 정말 많은 노력을 했었다. 지인이 나를 의지하고 내가 도움이 된다는 점이 정말 기쁜 일이기 때문이다. 게다가 지인들을 치료하면서 실제로 내 치료능력 향상에 도움이 되기도 하니 일석이조였다. 그러나 모든 경우가 그렇듯이 다 좋은 결말이 나지는 않는다. 내 부족함으로 말미암은 것이지만 서로 잘 아는 사이기에 오히려 상대방에게 실망하기도 쉽고, 관계가 소원해지기도 한다. 내 입장에서의 배려를 상대가 오해하여 화 낼 수 있으며, 반대로 내가 지인의 사정을 모르고 몰아붙여 상대를 부담스럽게 느끼게 하였다. 서로 간에 오해로 관계가 파국에 달하면 너무나 마음이 아팠다.

직무에 있어서 부족한 점을 자각하고 개선하고자 노력하는 건 좋은 태도라 생각한다. 당연하게도 우리가 모든 언어문제를 해결할 수는 없다. 그렇다고 언어재활사가 기여할 수 있는 바에 대해 탐색하는 것을 게을리한다면 이는 병원에서 일하는 언어재활사로서 실격이고 그보다 먼저 우리를 믿고 찾아오는 환자에게 전문가로서, 인간으로서 예의가 아니다. 고민과 아픈 경험을 딛고 보다 나은 언어재활사가 되도록 노력하는 것, 그게 우리의 직업윤리다. 부족한 점에 대해서 고민한다는 건 스스로가 더 나은 사람이 되기 위해 치열하게 노력한다는 증거라고 생각한다.

후배들이 알았으면 하는 좋은 제도도 있다. 수련병원의 경우 언어재활사의 보수교육을 위한 노력에도 일부 지원을 해준다. 이런 제도를 적극적으로 활용할 필요가 있다. 자격증 준비, 환자치료, 진료기록 작성으로 눈코 뜰 새 없이 바쁠 수 있지만 이런 좋은 제도나 교육기회가 제공되고 있어도 모르고 지나가는 경우가 많아 아쉽다. 혼자 방에서 진료기록과 전공서를 붙잡고 씨름하는 것보다는 적극적으로 기회를 찾는 게 더 이롭다고 생각한다. 물론 앞서 말했듯이 가장 중요한 건 일을 수행할 나 자신이 포기하지 않고 성장하겠다는 의지를 상실하지 않는 것이다. 결국 환자를 치료하는 건 다름이 아닌 내가 하는 일이다. 혼자서 이를 이루기 어렵다면 마음 맞는 동료와 서로 격려하는 것도 좋다. 크게는 병원의 의료진 전체, 작게 보아도 곁에서 일하는 동료들이 얼마나 많은가. 모두 함께 유대한다면 혼자만의 고민도 깨어지고 크게 성장할 수 있을 것이다. 선배들도 지금의 후배들과 크게 다르지 않은 실패의 길을 걷고 지금이 되었다는 점을 생각하고 힘을 내었으면 한다.

3. 의욕만으론 부족해……

슬픔은 심리학적으로 정신적인 고통을 나타내는 감정이라고 한다. '언어재활사로서 내가 느꼈던 슬픔이 어떤 것이 있을까?' 나는 주로 1차 병원에서 근무했다. 2, 3차 병원처럼 생사의 갈림길에 놓여 있거나, 신체기능 일부분을 영구적으로 사용할 수 없어 생명이나 일상생활에 큰 지장을 받는 환자를 만나는 것이 아니기에 어떤 이야기를 해야 할지 생각이 많았다. 고민 끝에 언어재활사라는 직업을 유지하기 위해 내가 느꼈던 슬픔에 대해 조심스럽게 풀어보려고 한다.

"너도 참 유난이다, 정말."

주말에 부모님과 통화를 하면 "학회예요." 혹은 "스터디하려고 나왔어요." 하는 나의 대답에 걱정 반, 안타까움 반이 섞인 목소리로 말씀하신다. 나를 가장 사랑하는 부모님께서 보시기에도 난 참 유난스럽고 유별난 딸인가 보다.

잘 다니던 직장을 그만두고 30살이라는 늦은 나이에 대학원에 진학하여 언어치료 공부를 시작했고, 졸업 후 정말 좋은 기회로 이비인후과 의원에 입사하게 되었다. 대학원 수업 중에서도 음성장애와 신경언어장애에 특히 관심이 많았는데 언어재활사로서의 첫 직장이 서울에서도 그리 많지 않은 음성 전문 이비인후과인 점은 나에게는 정말 큰 행운이었다. 음성 분야는 지도교수님의 전공 분야이기도 해서 대학원에서 이미 이론과 실무에 대해서 탄탄하게 기초실력을 다질 수 있도록 충분한 가르침을 받았기에 자신이 있었다. 정말 열심히 해야겠다는 다짐과 함께 들어간 첫 임상 현장은 책에서 보던 것과 차원이 달랐다. 나는 아직 우물 안의 개구리였고 임상은 내 생각보다 크고 넓은 곳이었다.

대학원을 갓 졸업한 어리바리한 신입 언어재활사는 선배 언어재활사들로부터 실무에 관한 많은 것들을 배웠다. 때론 혼이 나기도 했지만 찬찬히 잘 가르쳐 주셨던 선배님들에게 지금도 고마운 마음이다. 그러나 감사한 가르침에도 불구하고 스스로 공부하고 터득해야 하는 것들이 더 많았다. 대학원 수업을 청강하거나 관련 원서와 논문을 찾아 읽고, 여러 학회를 다니며 강의를 듣기 시작했다. 휴가 기간에 맞추어 리실버만 음성치료(LSVT LOUD) 자격증을 얻기 위해 미국에 가기도 했다. 근무하던 병원에서 중국과 합작으로 음성센터를 설립하고 운영하였기에 파견을 나가기도 했고, 나의 임상 경험을 나눌 수 있는 곳에 초대를 받으면 마다하지 않고 참여했다. 내가 다루었던 사례를 이야기하면서 타인의 경험을 들을 기회이기 때문이었다. 정말 열정적으로 배우고 그것을 임상에 적용하려고 의욕적인 시도를 했다.

그러나 나의 지식에 대한 열정과 지식을 임상에 적용하기 위한 의욕적인 시도는 모든 환자에게 통하는 것이 아니었다. 예를 들어, 완전히 동일한 원인에 의해 발병한 질환이 있는 두 환자가 있다고 해 보자. 같은 질환이라고 해도 환자는 서로 다른 사람이기 때문에 적용 가능한 세부적인 치료 기법은 물론이고 질환에 대한 이해, 적용하려는 치료법을 받아들이는 자세나 방법, 추후 치료실 밖에서 사용할 수 있도록 유도하는 방식 등이 달라야 한다. 환자의 성격, 심리, 환자 자신의 신체에 대한 이해도, 생활패턴 및 생활태도 등 다양한 것을 서로 다르게 고려해야 하기 때문이다. 이러한 심사숙고를 통한 노력도 회기가 장기간 이어지는 환자에게나 가능하다. 한, 두 회기밖에 만나지 않는 환자에게는 시도조차 해보기 힘들 때도 있다. 음성치료의 효과와 회기지속 여부가 온전히 언어재활사의 능력에 100퍼센트 달려있다고 말할 순 없지만, 성과가 좋지 않으면 꼭 나의 능력 부족인 것만 같아 의기소침하고 우울해지기도 한다.

이런 일들이 반복되면 연구하려는 의욕이 떨어지기도 한다. 하지만 언어재활이라는 것이 음성 이외에도 언어발달, 조음, 청각, 유창성, 신경언어 등의 분야가 포함되어 있고, 복합적인 이유로 의뢰받는 경우도 많기 때문에 자주 접하지 않았던 분야나 음성장애라고 해도 처음 접하는 질환의 경우는 공부하고 각 환자에게 맞게 치료방식을 적용하려는 노력이 필요하다.

나는 올해로 언어재활사로 근무한 지 10년 차가 되었다. 오래 일을 했다고 하기에는 선배 언어재활사들 뵙기가 굉장히 민망한 기간이지만, 기간 자체로는 짧다고 보기 힘들다. 그럼에도 불구하고 내가 처음 접하는 질환이 있는 환자를 만나거나 내가 아는 치료 기법과 적용 요령을 총동원해 치료를 진행했음에도 환자의 증상이 호전되지 않으면 아직도 내가 많이 부족하다는 생각이 들면서 슬퍼진다. 나름대로 열심히 달려왔다고 생각했는데 아직도 부족하다니…….

또, 의욕은 충만하지만 시간이 지날수록 퇴근 후에 추가로 공부를 하거나 연구를 하는 것이 체력적으로 힘들어지고, 다시 대학원 진학을 하는 것을 생각하지만 임상 현장을 떠나기 싫은 욕심과 현실적인 문제로 쉽게 앞으로 나아가지 못하는 것도 서글플 때가 있다. 진학 문제로 상담을 드렸던 한 언어재활사 선생님께서는 "공부하려는 분들은 어떻게든 다 하시더라고요."라는 말로 응원해주셨다. 하려는 의지만 있으면 어떻게든 할 수 있는 길을 찾는다는 말로 받아들였다. 힘이 났다. 언어재활사로서 나의 분야에서 더 잘 해 나가고 싶은 욕심으로 인한 슬픔이지만, 이 감정에 지지 않고 끊임없는 발전이 필요하다고 생각한다. 앞으로도 슬픔을 느끼는 날이 있겠지만 스스로에게 부끄럽지 않은 언어재활사가 되기 위해 더 열심히 노력해야겠다고 이 글을 쓰면서 다시 한번 다짐한다.

4. 늘 이별하는 중입니다.

병원 언어재활사로 일하면서 수많은 환자와 보호자들의 슬픈 모습을 가까이에서 볼 수 있었다.

갑상선 절제술을 받기 위해 지방에 계신 어머니를 모시고 오는 따님, 뇌졸중으로 뇌 수술을 했던 아내 옆을 든든히 지켜주며 응원해 주던 남편, 치료에 협조적이지 않은 아들의 곁을 끝까지 지키는 어머니, 언어발달이 느린 아이의 치료를 위해 온 아버지 등, 만나는 모든 환자와 보호자 개개의 비극을 감히 견줄 수 없지만 유달리 아픈 손가락 같은 환자 한 분이 생각난다.

파킨슨병 진단을 받은 환자는 어느 날부터 말을 하려고 해도 입안에서 맴돌 뿐 말이 잘 나오지 않고 발을 자꾸 헛디뎌 넘어지는 일이 잦아졌다고 했다. 이상함을 느낀 보호자들이 어머니를 모시고 병원에 오게 되었다고 말해주었다.

처음 검사했던 날 환자는 매우 작은 목소리로 "가족들에게 짐이 되고 싶지 않아요"라고 말했다. 보호자들은 어머니의 약한 모습을 보고 그런 소리 말라며, 치료받으면 다시 좋아질 거라며 다그쳤다. 어떻게든 어머니를 안심시키고 치료에 열의를 보이도록 노력하는 보호자들을 보자 예전에 암 진단을 받으신 친할머니에게 담담하게 치료만 받으면 나을 수 있다고 설득하면서 안심시켰던 아버지가 떠올랐다. 그때부터 이 환자에게 더 마음이 쓰였다. 환자는 검사 시작 전 착석을 도와주던 보호자가 나가자마자 본인의 병이 나을 수 있는지 물어봤다. 나는 이런 열정이라면 손자들과 대화도 가능하고, 여행도 다닐 수 있을 거라고 용기를 드렸다. 환자는 내 말에 용기를 얻어 열심히 치료를 받겠다고 약속했다.

RTP(Real-Time Pitch)와 PAS(Phonatory Aerodynamic System)를 사용하여 숫자 세기의 평균 강도와 최대발성지속시간을 측정했다. 숫자 세기의 평균 강도는 59.36dB SPL, 최대발성지속시간은 2.23초로 기식이 심한 목소리와 힘이 없는 발화가 나타났다. 그래서 약해진 음성을 강화시키고 호흡량을 증가시킬 수 있는 리실버만 음성치료(LSVT LOUD)를 진행했다. 복식호흡 훈련과 목 어깨 스트레칭을 시작으로 연장 발성 및 강도 증가 훈련을 통해 환자 스스로 음성 강도를 증가시키고 발성과 호흡노력을 극대화할 수 있도록 유도하였다. 10회기 치료 후 진전평가를 실시했을 때, 숫자 세기의 평균 강도가 66.1dB SPL이고 최대발성지속시간은 5.46초로 음성 강도와 성문하압이 증가함을 확인할 수 있었다. 환자는 호전되었다.

이 결과에 환자와 보호자 모두 하나같이 기뻐하였다. 그러나 손자들이 할머니 목소리가 좋아졌다고 기뻐했던 순간도 잠시, 환자는 계단을 내려가다 균형을 잃고 넘어져 어깨가 골절되는 사고를 겪었다. 그래서 한동안 음성 언어 치료실을 방문할 수 없게 되었다. 계절이 바뀌고 다시 만난 환자는 골절 탓인지 보폭이 좁아졌고 음성도 치료 이전처럼 약해졌다. 보호자와 함께 치료를 받으러 왔지만 다른 합병증이 발생하여 오지 못하는 경우도 종종 생기게 되었다. 결국, 환자가 지방에 사는 딸과 함께 지내기로 하면서 더 이상 치료를 진행할 수 없었다. 환자와 만나고 이별하는 것에 익숙해졌다고 생각했는데 헤어지게 되자 이상하게도 눈물이 핑 돌았다. 눈에 먼지가 들어간 양 시치미 떼려는 내게 보호자가 감사 인사를 해주었다. "선생님 덕분에 엄마가 많이 좋아졌어요. 넘어지는 모습을 보여주기 싫어서 집 밖을 안 나가려고 하시는데 선생님 만나는 날에는 아침부터 나갈 준비를 하셨다니까요. 그동안 치료해 주셔서 감사합니다." 옆에서 열심히 노력했던 내 모습을 봐왔던 보호자는 내 마음을 공감하고 헤아려주셨다.

치료가 잘 마무리되어 치료실을 나가는 환자의 뒷모습을 보면 기분이 좋지만, 그렇지 않은 경우의 이별을 마주하면 마음이 아프다. 앞으로도 계속될 수많은 이별 앞에서 환자를 공감하고 지지해 주며 모든 만남에 진심을 다하는 언어재활사가 되기를 다짐한다.

5. 피곤해서 그런 게 아니었어요.

후두의 이상으로 인한 음성문제인 줄 알았는데 신체 전반의 이상으로 초래된 문제였던 사례를 말하고자 한다. 최근 목소리에 힘이 없고 잘 나오지 않는다며 대학병원 이비인후과를 방문한 60대 여성의 이야기이다. 이 여성은 이전에는 까랑까랑하게 좋은 목소리였는데, 얼마 전부터 소리를 크게 내기도 힘들고 다른 사람들이 자신의 말을 잘 못 알아듣겠다고 크게 말해달라고 자꾸 요청해 와서 후두에 이상이 있는지 확인하고 싶다고 하였다. 그리고 이상하게 몸도 점점 피곤하고 힘이 없는 것 같다고도 하였다.

음성평가 결과, 음향학적 검사에서 기식성과 성대진동의 불규칙성과 관련된 변수들이 이상소견을 보였고, 공기역학적 검사에서도 발성 시 기류가 많이 빠져나오고 성문하압과 음성강도가 정상 수치에 비해 다소 낮게 나타났다. 후두스트로보스코피 상에서는 성대의 불완전 접촉이 나타나기는 하였으나 시각적으로 관찰되는 병변은 없었다. 음성평가의 종합적 소견은 호흡 및 발성 기전의 약화로 인한 약한 음성으로 보였다. 그러나 나를 포함한 음성치료 연구원으로 근무하는 언어재활사들은 환자의 호흡근을 포함한 신체 근육의 약화와 피로에 주목하였다. 단순히 호흡이나 후두의 기능 또는 구조적 이상에 의한 것보다는 신경학적 이상에 의한 약화가 아닐까라는 의구심을 갖게 되었다. 이에 언어재활사들은 이비인후과 전문의에게 이에 대한 의견을 제시하였고, 신경과와 협진이 이루어졌다. 결국 신경학적 검사를 통해 환자의 병명이 중증근무력증(myasthenia gravis)이라고 판명되었다.

중증근무력증은 정확한 원인이 밝혀지지 않았지만 신경근육접합부의 아세틸콜린 수용체 등의 구성요소에 대한 자가항체가 발생하여 해당 부위를 손상시키는 자가면역질환이다. 이로 인해 신경과 근육의 접합부 조직이 손상되고 근육으로의 신경전달이 어려워져 근력이 약화되고 운동성이 저하된다. 이 환자가 중증근무력증으로 진단받았다는 소식을 들은 후 과거 내가 중환자실에 간호사로 근무하던 시절 중증근무력증으로 인한 호흡근의 약화로 인공 호흡기에 의존하며 삶을 마감해야 했던 환자들이 하나둘씩 뇌리를 스쳐 지나갔다.

추후 이 환자를 이비인후과에서는 다시 볼 수 없었고 근황도 듣지 못했다. 그러나 다행히도 이 환자의 경우 자신의 음성변화에 대해 민감하게 반응함으로써 이비인후과를 조기에 방문하였고, 언어재활사들의 빠른 판단력으로 신경학적 질환이 많이 진전되지 않은 상태에서 정확한 병명을 확인하는데 도움을 주었다. 대부분의 언어재활사들은 자신이 근무하는 환경 범위에만 국한하여 환자의 상태를 판단하기 쉽다. 이비인후과에 근무할 경우 후두 질환에만 초점을 맞추기 쉽고, 언어장애일 경우 언어에만 관심을 두게 된다. 말장애나 언어장애 모두 한 영역의 손상에 의해서만 나타나는 것은 아닐 것이다. 의사소통을 위해 언어를 말로 표현하는 과정은 신경기관, 호흡기관, 발성기관, 조음기관, 공명기관의 복합적인 상호작용에 의해 이루어지기 때문에 의사소통장애의 원인을 파악하고 치료할 때 각 기관을 편협한 관점에서 하나씩만 살펴볼 것이 아니라 이들 간의 관계를 종합적으로 살펴보는 보다 넓은 시각이 필요하다고 본다. 이에 우리 언어재활사들은 어떤 분야에 종사하더라도 다양한 측면에서 대상자를 살펴보려는 자세가 중요할 것 같다.

6. 나는 당신이 행복했으면 좋겠습니다.

우리 귀에 들리는 목소리는 입을 열면 저절로 나오는 것으로 생각하기 쉽다. "목소리가 안 나오는 것이 이렇게 불편한지 몰랐어요. 원래는 노래도 잘했는데……." 하는 말을 많은 환자에게 들어왔다. 음성을 치료하는 나조차도 잠깐 음성 문제를 겪었을 뿐이라 긴 시간 동안 말하기의 어려움을 겪었을 때의 환자가 느낄 힘듦을 모두 공감하기는 어렵다.

치료사로서 일을 하면 할수록 느끼는 것은 목소리는 정말 '감정의 산물'이라는 것이다. 여러 가지 상황, 다양한 감정으로 서로 다르게 표현되는 목소리는 구조적인 후두만 생각한다면 이해하기 턱없이 부족하다고 느낀다. 특히, 각

각의 스트레스 상황으로 목소리가 떨리고, 막히는 환자를 만날 때면 치료사가 환자를 파악하려는 많은 노력이 필요하다. 본인의 이야기를 스스럼없이 말해주는 환자에게 고마울 때도 있고, 그냥 이야기를 들어줄 수밖에 없는 상황에 안타까울 때도 있다. 그럴 때마다 '얼른 이 환자가 행복해지면 좋겠다. 목소리가 이럴 정도로 마음이 얼마나 힘들었던 걸까?'라고 생각을 하게 된다. 이는 단순히 문제 있는 목소리만 해결해 줘야겠다는 피상적 접근으로는 음성문제가 쉽게 해결되지 않는 경우도 있다는 점을 나타낸다. 때때로 상담도 함께 전공했더라면 치료의 질이 좀 더 좋지 않았을까 하는 생각을 한다.

많은 환자가 찾아오는 병원이라 진단은 같지만 특징이 다양한 환자를 만나게 된다. 본인 이야기를 하면서 큰소리로 엉엉 울다가 목소리가 갑자기 좋아지는 환자의 경우도 있고, 방금 전까지도 속삭이는 소리밖에 못 했는데 간단한 연습 하나로 목소리가 나오는 경우도 있다. 분명 소리를 낼 수 있을 것 같은데 세상과 단절하듯 일부러 말을 안 하는 것 같은 의심이 드는 경우도 있다. 하지만 내 마음이 가장 힘든 경우는 나를 믿고 오는 환자의 치료가 쉽지 않다고 느낄 때이다. 내가 하루빨리 잘 고쳐주어 환자가 웃는 모습을 보고, 행복해하며 치료실을 나가는 것을 보고 싶은데 이게 최선인지, 내가 최선만큼 못하고 있는 것인지에 대해 마음이 무거울 때가 있다. 그럴 때면 내가 환자의 문제를 해결해 주기 위해 노력했다는 것과 환자를 치료하기 위해 진심을 다했다는 것을 위로로 삼는다.

심한 우울증으로 병원에 입원 중이었던 젊은 여자 환자가 있었다. 목소리가 좋지 않아 나를 만나게 되었지만 목소리가 왜 변했는지에 대한 주관적인 이야기도 없고, 환자가 치료에 대해 궁금해하는 질문도 없이 치료사가 일방적으로 의사소통을 유도하는 것이 힘든 환자였다. 목소리를 잘 내보려는 노력도 하지 않는 것으로 느껴져 어찌해야 하나 난감해서 치료실에서 잠깐의 침묵도 있었던 것으로 기억이 난다. 그 상황에서 내가 할 수 있었던 것은 우연히 내가 신문에서 오려 간직하고 있었던 좋은 글귀를 건네주는 것이었다. 글귀에 대해 내 기억 속에 남을 만한 환자의 반응은 없었지만 그래도 작은 응원과 기운을 주지 않았을까 하는 생각을 해 본다. 더불어 목소리도 함께 나아지길 기대하면서 말이다.

웃는 표정으로 어두운 목소리를 낼 수 없고, 우는 표정으로 밝은 목소리를 낼 수 없다. 나를 만나러 오는 환자들이 기쁜 마음으로 행복한 목소리를 내기를 매번 바라는 마음이다. 환자의 말을 경청하고 문제를 해결해주기 위해 노력하여, 나로 인해 안도하며 한결 가벼운 모습으로 치료실을 나가는 환자의 모습을 그린다.

7. 죄송합니다. 검사기기 점검으로 인해 30분 정도 지연 안내 부탁드립니다.

병원 일상은 루틴이다. 의학 드라마처럼 응급상황을 만나는 일은 흔치 않고, 음성 언어재활사라면 더욱더 시간을 다투는 응급상황을 만날 일이 없다. 하지만 쳇바퀴 돌 듯 매일매일 똑같은 일상에도 사건사고는 일어나는 법이다. 병원에서 일을 한다면 사건사고에 대응하는 법을 익혀야 된다. 다음은 내가 경험한 다양한 사건사고의 한 예시다.

활기차게 하루를 보내려고 신나는 노래를 들으며 출근

을 했다. 여느 때와 다르지 않은 날이었다. 내 평소 일과를 시간표로 본다면 아래와 같다.

7시 30분 신관 1층 이비인후과 도착

7시 33분 근무복으로 환복

7시 36분 '음성치료실' 업무용 컴퓨터, 검사 컴퓨터 부팅 완료

7시 41분 '발성치료실' 업무용 컴퓨터 부팅 완료

7시 45분 '음성검사실' 업무용 컴퓨터 부팅 완료

그러나 사건은 갑자기 생기는 법이다. 아무런 전조도 없이 평범한 하루의 시작이 바쁘고 정신 없어지는 건 한순간이다. 그 계기는 아주 사소한 오류에서 시작된다.

7시 48분 '음성검사실' 검사 컴퓨터 부팅 실패

7시 50분 '음성검사실' 검사 컴퓨터 재부팅 실패. '아뿔사!' 평소에도 문제가 많았던 '음성검사실'의 '검사 컴퓨터'가 부팅이 되지 않는다. 8시 30분 환자들이 오기 전에 해야 할 일 리스트가 머릿속에 떠오른다. '스트로보스코피 소독재료 준비, 밤새 온 메시지 확인, 병동환자 예약, 당일 취소 환자 확인 등등.' 정신을 차리고 먼저 우선순위를 생각해 본다.

지금 가장 먼저 해야 하는 것은 부팅이 안 되는 검사 컴퓨터를 고치는 것!

7시 55분 의공학팀 선생님의 번호를 눌러본다. 유독 신호음이 길게 느껴진다. "선생님, 안녕하세요. 음성검사실의 검사 컴퓨터가 부팅이 안 됩니다."라고 나는 긴박하게 말했다. 그랬더니 수화기 너머 돌아오는 말은 "담당 선생님 출근 전입니다. 전달해 드릴게요."

차분한 목소리다. 상대방의 태평함에 나는 초조해진다. 내가 할 수 있는 건 기다리는 것 밖에 없지만, 어떻게든 내가 할 수 있는 방법은 모두 취해본다.

7시 57분 담당 의공학팀 선생님에게 메신저로 검사 컴퓨터가 켜지지 않는다고 상황을 보고한다.

8시 00분 검사 컴퓨터 판매업체에 전화를 건다. 더욱 긴박하게 현재 상황을 설명한다. 그러나 돌아오는 대답은 나를 또 좌절하게 만든다

"오늘은 지방 병원에 가서 스케줄이 어렵네요. 내일 오후쯤 방문 가능합니다."

짧고 간결한 대답. 벼락 맞은 것처럼 내 속은 시꺼멓게 타들어간다.

8시 05분 혹시 검사 컴퓨터의 전선이 잘못 꽂힌 건 아닌지 확인하고 플러그를 다시 끼운다. 그리고 '제발 켜져라!'라고 외치며 컴퓨터 전원버튼을 누른다. 그러나 컴퓨터는 전혀 응답이 없다.

8시 10분 컴퓨터 메신저 창이 반짝인다. '환자 대기중입니다.' 접수대 선생님이 보낸 메시지다. 메시지의 환자는 8시 30분에 검사 컴퓨터를 써야 하는 음성검사환자다. 마음이 더욱 초조해지고 불안해진다.

8시 11분 접수대 선생님에게 메시지를 보낸다. '검사기기 점검으로 인해 30분 정도 지연 안내 부탁드립니다.'

8시 12분 떨리는 손으로 의공학팀 선생님의 전화번호를 다시 누른다. 아까보다 더욱 길어진 신호음. 그리고 끝에 기다리던 목소리가 들린다."안녕하십니까? 의공학팀입니다."

'이제 됐다! 살았다!'

전화 통화 10분 후 의공학팀 선생님이 오셨다. 의공학팀 선생님에게 검사 컴퓨터가 켜지지 않는 문제와 내가 그 문제를 해결하려고 했던 모든 시도에 대해 말해드렸다.

선생님은 내 말을 듣고 빛보다 빠르게 본체를 해부하기

시작한다.

"선생님, 환자가 대기 중 이어서요. 혹시 어느 정도 걸리는지 알 수 있을까요?" 내가 듣고 싶은 대답이 선생님 입에서 나오길 간절히 빌며 의공학팀 선생님에게 물었다.

"그래픽카드 문제네요. 교체하면 금방이에요. 지금 바로 그래픽카드 가져와달라고 해서 고쳐드릴게요."

바로 해결할 수 있는 문제였다. 이런 걸 두고 불행 중 다행이라고 하나보다. 며칠 전 다른 검사기기는 수리가 안 되어 결국에는 그 검사기기를 사용해야 하는 환자들에게 양해를 구하고 다른 날로 검사를 변경해드렸었다. 검사예약을 변경하면서 나는 수십 번 죄송하다고 말하며 환자가 원하는 일자와 병원 예약가능 일자를 찾는데 진땀을 흘렸던 것이 생각나 아찔해졌다. 환자들은 환자들대로, 나는 나대로 고역이었다. 이번에는 그런 끔찍한 일을 다시 겪지 않아서 다행이었다.

"선생님, 그럼 넉넉히 15분 후면 검사 가능할까요?" 나는 검사 가능시간을 확인하였다.

"네, 가능합니다."

단비 같은 의공학팀 선생님의 긍정적인 대답을 듣고 나

는 바로 접수대에 메시지를 보낸다. '고장난 검사기기 수리 가능하여, 8시 30분 환자 9시에 검사 가능합니다.' 그리고 나는 예상치 못한 상황으로 인해 진행하지 못했던 리스트대로 진행한다. 소독실에 가서 소독실 선생님들이 준비해준 소독재료들을 재빠르게 가져다가 놓기, 밤새 온 메시지를 확인하고 답변하기, 퇴원이 빠른 병동환자부터 차례대로 검사 예약하기 등등. 리스트를 모두 마칠 때쯤 검사 컴퓨터 수리도 모두 끝났다. 의공학 선생님에게 마음을 담아 감사 인사를 하고 검사 컴퓨터 세팅을 한다.

다행히 예기치 못한 사건은 긍정적으로 마무리되었지만 나의 마음은 여전히 초조하고 긴장된다. 부팅이 되지 않는 컴퓨터는 내가 해결할 수 없는 일이지만, 기기수리로 인해 30분 동안을 기다린 환자의 마음을 헤아리는 일은 나의 일이기 때문이다. 나도 환자로 병원에 가면 30분 이상을 기다리면 어떤 마음일지 충분히 알기에, 비장한 마음으로 접수대 선생님께 검사실로 환자를 안내해달라는 메시지를 보낸다.

'똑똑' 문 두드리는 소리와 함께 환자가 들어왔다. 환자의 얼굴은 잔뜩 구겨져 있다.

"오래 기다리셨지요? 검사기기 수리로 인해 지연되었습니다. 죄송합니다." 나는 잔뜩 긴장하며 말하였다.

환자는 여전히 얼굴이 구겨져 있다. 본 검사 시작 전 더욱 성심성의껏 환자의 사례력을 조사하고, 접수대에서 환자가 작성해온 음성장애지수(voice handicap index, VHI) 설문지 문항을 살펴보며 빠진 것은 없는지 확인한다.

사례력 조사와 설문지를 끝낸 후 환자의 얼굴을 보니 처음 검사실에 들어왔을 때보다 많이 부드러워졌다. 어느 정도 라포가 쌓였음을 확인하고 다시 지연에 대해 이유를 설명한다. "검사기기라서 일반 컴퓨터보다 예민한 거 같아요. 기다려주셔서 잘 수리하였습니다. 감사합니다. 이제 검사 시작하겠습니다."

다행히 구겨진 얼굴은 기분 좋게 펴졌다. 그 모습을 보니 긴장되고 초초했던 나의 마음도 한결 편안해졌다.

이런 사건은 병원에서 일하는 음성 언어재활사라면 한 번쯤은 접할 일이다. 음성검사는 컴퓨터 작업을 필요로 하고, 컴퓨터는 매일 많은 환자의 데이터를 분석하느라 과로에 시달린다. 사람도 끊임없는 작업에 지쳐 뻗어 버리기 마련인데 하물며 낡은 기계는 어떻겠는가? 그러나 잘 버텨주던 기계도 어느 날 아무 전조도 없이 고장 나버린다. 이 상황은 내가 경험한 수많은 사고 중 하나에 불과하다. 이외에도 정말 생각지도 못한 일들을 경험할 것이다. 그러나 잘 버텨야 한다. 억울할 수도 있고 내 잘못이 아닌 것 때문에 사과할 때도 있을 것이다. 그럼에도 환자에게 불편을 끼치거나 다른 의료 업무에 차질을 빚으면 나의 잘못이다. 굳건하게 마음을 먹고 뜻하지 않은 사고에도 의연하게 대처하는 방법을 익혔으면 한다. 이것이 내가 후배들에게 하고 싶은 조언이다.

chapter 04

락(樂)

1. 그분이다.
2. 의미가 있는 어떤 것
3. 덕분에 꿈을 이루었어요!
4. 달리는 언어재활사
5. 내 목소리를 찾기 위해
6. 함께 가면 멀리 간다.
7. 음성치료실 노래방

chapter 04

락(樂)

1. 그분이다.

'나는 베테랑 언어재활사다'라고 자부할 만한 연차가 쌓인 무렵의 일이다. 음성 언어재활사로 근무한지 5년이 된 어느 날이었다. 전자의무기록(Electronic Medical Record, EMR) 검사오더 화면에 떠오른 환자의 이름 중에서 낯익은 이름을 하나 발견했다. 환자는 내분비대사내과 교수로 출퇴근 시간에 마주치면 먼발치에서 인사를 나누는 정도의 친분이 있는 사이로 그 시절 병원장을 역임하고 계신 분이었다.

문제가 있으면 진료를 받는 게 당연하지만 왜 음성검사를 받는지 의아했다. 평소에 목소리를 들었을 때는 특별히 음질이 나쁘다고 생각한 적이 없었기 때문이다. 그러나 내게는 다른 무엇보다도 병원장 같은 높은 사람이 내게 치료받는다는 사실에 가슴이 두근거렸다. 병원장의 명성은 석사 시절에 익히 들은 바 있다. 평하길 100년에 한 번 나올까 말까 한 과학자라고 한다. 위인전에나 나올법한 수식어를 현실에서 받은 사람이라니 실감이 나지 않았다. 그런 분을 내 작고 초라한 음성 언어치료실에서 검사하게 되어 혹여 나의 부족한 점이 드러나 지적당하지는 않을까? 아니면 내 얕은 의학지식의 밑천이 드러나 창피당하지 않을까? 하고 온갖 걱정을 하였다.

손에 익었다고 생각한 검사절차를 하나하나 되새기고 있으니 비서실에서 예약을 잡기 위해 연락이 왔다. 그리고 예약일정에 따라 병원장님은 하얀 모시 남방 차림으로 내원했다. 이비인후과 문 앞까지 나가서 맞이하고 내 치료실까지 안내하였다. 그다지 길지 않은 거리임에도 과도한 긴장으로 괜히 걸음 소리 하나하나가 쿵쿵 울리는 듯하고 심장은 끝없이 두방망이질 쳤다.

떨리는 속마음을 숨기고 평소처럼 음성검사를 시작했다. 첫 문진에서 환자의 불편사항은 강의를 할 때 종종 발음이 어눌하게 들려 학생들이 되묻는 경우가 있다고 한다. 그래서 언어치료가 도움이 될까 하여 검사를 요청하였다고 했다. 아차 싶었다! 병원장의 걱정은 음질이 아니라 발음이었다. 이 환자는 음성검사가 아닌 조음검사 대상자인 것이다. 검사오더가 잘못되었다. 검사오더의 오류를 환자가 눈치채지 못하게 하려고 최대한 자연스럽게 조음검사지를 준비했다. 그러면서 임기응변으로 음질검사와 조음검사를 같이 한다고 설명했다. 조음검사에는 구강운동성 평가가 포함되므로 난 이 환자의 혀 운동, 구강 내 포인팅 수행력, 안면 근육의 톤과 근력 등을 확인해야 한다. 첫 단추부터 당황해서인지 종이를 집어 든 내 손이 떨리기 시작했다.

나는 떨리는 손을 보고, 잘해야 한다고 마음으로 되뇌었다. 상대가 병원장님이지만 치료실에서는 '내가 리드한다'라는 마음가짐으로 검사를 진행했다. 자연스럽게 호칭도 '원장님'에서 '환자분'으로 바뀌었다. 병원장님의 낯빛에 당황한 기색이 보여서 내가 실수했나 싶었지만, 오히려 당당하게 나가기로 마음먹었었다. 검사 도중 긴장으로 머릿속이 새하얘지고 가슴이 두방망이질 치듯 용두질했지만, 그럴 때마다 '난 프로다, 치료실에선 치료사가 리드한다'라고 되뇌었다. 어찌나 긴장하였는지 검사를 진행하면서 원장님 얼굴을 고작 한 번 정도 본 것 같다. 구강운동성 검사는 혀 운동성 확인을 위해서 입안을 봐야 했다. 너무 미적거리면 내가 프로답지 않을 듯해서 재빠르게 한다는 것이 그만 환자에게 사전고지 없이 바로 검사를 위한 지시를 한 것이다. "입 벌려보세요"라고 하고 바로 설압자를 넣었다. 손에 든 설압자를 통해 입안 피부의 물컹함이 느껴지자 난 실수했단 걸 깨달았다. 이런 실수를 하면서도 '난 프로야, 잘해야 해'라는 자기 주문을 계속 마음속으로 읊었다. 검사는 계속 진행되었다.

여느 검사보다 당황하고 긴장했던 검사는 그래도 잘 마무리되었다. 어찌나 진을 뺐는지 검사가 끝나자 피로가 물밀듯이 밀려와 나를 물먹은 솜처럼 푹 늘어지게 했다. 존경하던 인사, 그리고 까마득한 상급자의 입안을 이리저리 들여다보고 수행할 과제를 지시하는 일이 참 일반적인 상황과는 달라서 어색하고 쑥스러웠다. 당연히 검사가 끝나자 환자였던 병원장님은 돌아가셨다. 그러자 부담 없이 검사보고서 작성을 할 수 있었다. 실수가 잦았던 검사수행과 달리 결과보고서는 누구의 개입도 없이 온전히 나의 실력을 보여줄 수 있는 영역이었다. 음성검사 보고서의 경우 기계 검사의 결과지로 대체하는 경우가 대부분이지만, 조음검사는 검사자가 귀로 듣고 분석하고 앞으로 어떻게 치료할지 계획까지 세우는 작업을 보고서에 기술해야 한다. 결과보고서 수준이 곧 기관의 수준이면서 담당 치료사의 수준이라고 생각한다. 퇴고한 결과보고서 완성본을 EMR에 탑재하니 퇴근 시간을 훌쩍 넘겼다.

늦은 퇴근길에 스스로 자문해보았다. 왜 이렇게 떨었는가? 묻고 또 물었지만 스스로 명확한 결론을 내리지 못했다. 나는 아직 내 생각보다 무르익은 베테랑이 아니었던 모양이다. 한편으로는 병원장 검사가 시간이 얼마나 지났다고 벌써 하나의 추억거리로 취급할 수 있는 진기한 경험이 되었다는 점을 자평하고 싶다. 언어재활사가 아니었다면 저런 존경하던 분을 직접 검사해볼 만한 기회가 있었을까도 싶었다.

나는 항상 선인(先人)을 존경한다. 내가 직접 걸어본 길이 순탄치 않았기에 나보다 먼저, 나보다 험한 길을 주파하여 후배를 위한 길을 미리 닦아놓은 그 전인미답(前人未踏)의 여정에 찬사를 보내고 싶다. 뒤따라올 후배들이 내 뒷모습에서 내가 보아온 선인의 뒷모습처럼 본받고자 할 마음이 드는지 스스로 생각해 보면 답은 '아니오'다. 나는 아직 부족한 점이 많고 이루었다 할 만한 게 없다고 여기기 때문이다. 그 과정의 고됨을 알기에 나는 더더욱 선인들이 존경스럽다. 내게 선인은 빛을 밝혀주는 등대 같은 사람이다. 비록 병원장은 나와 전공이 다르지만, 빛은 멀리 떨어져도 밝음을 주변에 선사하는 법이다. 그날 저녁에는 야근으로 인한 피로감과 과도한 긴장으로 인해 평소보다 더더욱 감정이 고양되었고 나는 병원장을 검사한 내가 마치 어의라도 된 마냥 굴었다. 영화 중 언어재활사가 부각된 명작 『킹스 스피치(The king's speech)』가 있다. 이날은 내가 영화에 나오는 언어재활사 주인공이라도 된 것 같았다. 영화주인공은 왕의 말더듬증을 치료하여 역사적인 변화를 이끌어냈는데, 나도 그에 못지않다는 자신감이 들었다. 맹세하길 언젠가 오늘의 경험을 글로 남겨 후세에 전하리라 다짐

했는데 지금이 바로 그 순간이다.

2. 의미가 있는 어떤 것

어떤 직장이든 정기적인 급여 이상의 의미를 직장에서 찾는 것은 쉽지 않다. 그럼에도 인간인 이상 자신의 직업에서 급여 이상의 의미와 자아실현을 추구하는 건 자연스럽다고 생각한다. 자신을 위한 취미생활에 몰두하는 것에 의미를 둘 수 있겠지만 그보다는 자신의 직무와 연관된 일에서 의미를 추구하는 게 더욱 가치 있지 않을까 생각한다. 이런 점에서 언어재활사는 의미를 남기기 가장 적합한 직업 중 하나이다. 임상 경험에 바탕을 둔 연구를 수행하고 결과물을 남길 수 있기 때문이다.

자주 볼 수 없는 특별한 케이스에 대한 경험을 담은 리포트부터 케이스들을 취합한 특정 의사소통장애군 문제해결 연구까지 병원 언어재활사가 할 수 있는 연구는 다양하다. 언어치료 효과를 살펴보는 연구도 가능하고, 때로는 질환을 감별하는 데 언어재활사의 역량이 결정적으로 기여하는 데 대한 연구도 있을 수 있다. 발표형식도 소규모로 진료과 의료진이 모이는 컨퍼런스에서 케이스발표를 하는 경우도 있고, 학회에서 진행하는 포스터 발표나 구연발표도 있다. 학술지에 투고하여 동료 심사를 받는 연구논문도 있다. 병원에서 연구발표는 대개 매우 권장되며 활동을 통해 진료 분야의 능력계발에도 도움이 된다. 그리고 무엇보다도 언어치료 직무를 통해 환자에게 직접적으로 도움을 주는 것 외에 추가적으로 내가 속한 언어병리학 분야 자체의 발전에도 한 손 보탠다는 중요한 의미가 있다. 또한, 유사한 이력이나 증상을 가진 환자가 내원하였을 때, 참고하여 환자에게 '근거(evidence)'가 있는 언어재활 서비스를 제공할 수 있는 '비빌 언덕'이 되어 줄 수 있다.

학문 발전에 기여한다는 말이 다소 거창하게 들릴 수 있다. 내 경우를 말해보자면 기존에 사용하는 평가 프로토콜을 보다 효율적으로 할 수 있는 방법을 찾고자 하는 작은 발상에서 임상의 '시간효율성(time efficiency)'을 증대시킨 실용적인 연구를 한 적이 있다. 음성장애 환자에게 사용하는 PAS(Phonatory Aerodynamic System)이라는 기기의 시행절차를 간

소화하는 연구였다. 연구결과로 환자 입장에서는 절차가 짧아져 이해하기 쉽고 검사시간이 짧아져 만족도가 증가했다. 검사자와 진료과 입장에서도 간단한 검사 덕분에 검사 소요시간이 감소하고 대기시간을 줄여 실적 증대를 꾀할 수도 있었으며 무엇보다도 복잡한 절차로 인해 야기된 문제빈도와 그로 인한 스트레스가 감소하였다. 이는 임상에서 시작하여 연구로 이어져 다시 임상 현장에 변화를 준 긍정적인 사례이다. 연구의 시작은 바로 임상가와 환자의 작은 불편함에 주의를 기울인 것이었다. 다양한 환자들과 마주하고 이들을 치료하는 과정에서 우리는 많은 임상 경험을 만나게 된다. 이를 쉬이 넘기지 않고 고민하자 새로운 길이 제시되었다고 생각한다. 이는 '환자가 스승이다.'라는 말과도 일맥상통한다. 내가 존경하는 한 선생님은 내게 '박사과정을 시작하기 전에 적어도 3년은 임상 경험을 쌓으라'고 조언해주셨었는데, 이 연구를 하고 난 뒤 이 조언의 의미를 더욱 되새기게 되었다.

그렇지만 단순하게 연구논문을 쓰겠다는 마음가짐만으로는 언어재활사 업무와 연구를 병행할 결심을 유지하기 어렵다. 여러 임상가 선생님들이 논문을 써내면서 병원 일도 빈틈없이 할 수 있는 이유는 투철한 사명감 때문이라고 생각한다. 연구를 통해 언어병리학 분야에 이바지하고 나아가서 환자들에게 더 좋은 치료를 제공하는 것, 이것이 우리의 사명감이다. 병원업무, 집안일, 아이 돌보기, 연구활동을 병행하는 힘든 생활에서 중간에 포기하지 않고 연구를 이어나갈 수 있던 것도 사명감을 가지고 열심히 행했기 때문이다. 이렇게 연구활동을 포기하지 않았기에 언어재활사라는 직업의 인식이 개선될 수 있었다고 생각한다. 개인적 판단으로는 언어재활사가 역량이나 직무에 비해 홀대 받는 데에는 의학적, 약물적 치료에 비해 높은 수준의 근거(evidence)가 부족하다는 인식이 한 몫 하는 것 같다. 그러니 내가 임상에서 행동적 중재가 효과 있는 점을 확인할 때마다'보십시오! 언어재활사의 행동적 중재가 이만큼의 긍정적 변화를 이끌었지 않습니까? 내가 하는 일은 가치 있습니다.'라고 세상에 강변하고 싶은 심정인것이다. 언어재활사가 병원 내외로 타직종에 비해 등한시되거나 처우가 나쁜 것을 볼 때 더욱 연구활동의 중요성을 느낀다. 아무리 임상적으로 내가 직접 좋은 효과를 경험한 훌륭한 치료방법이라고 하더라도, 동료 심사(peer review) 과정을 동반한 학술적 검증 과정을 거치지 않는다면 근거를 가진 중재방법으로 인정받기 쉽지 않다. 다른 분야에 뒤지지 않는 탄탄한 연구 성과들을 제시해야 언어재활사들도 병원에서 전문적인 인력으로, 또 코웍을 할 만한 동료로 그 가치를 온전히 인정받을 수 있을 것이다. 이 과정에서 우리 분야뿐만 아니라 인접 분야 전문가들과의 교류와 상호 존중은 필수적이며, 내 분야의 우수성을 강조하기 위해 타 분야를 깎아내려서는 안된다고 생각한다.

분야를 막론하고 임상 진료 지침(clinical practice guideline)들을 살펴보면 아직은 우리 언어병리학 분야의 중재에 대한 연구들은 양적, 질적으로 부족한 부분이 많은 것이 사실이다. 개인적인 경험을 말하자면, 대한후두음성언어의학회의 진료지침위원 중 한 명으로 갑상선 환자를 위한 언어재활사의 음성교육, 음성검사 및 음성치료에 대한 문헌들을 정리하면서 '언어재활사의 평가와 중재가 효과가 있고 중요하다'는 취지의 근거들을 많이 모으려고 무던히 애를 썼다. 그러나 아직은 양적, 질적으로 근거들이 더 필요하다는 것을 절감하게 되었다. 그런 점에서 연구에만 집중하는 연구자들보다 임상에서 일하는 병원 언어재활사가 이러한 근거들을 더 많이 보고하는 것이 바람직하다고 생각한다. 임상 현장이야말로 실제 어려움을 가진 환자를 마주하기가 가장 쉽기 때문이기도 하다.

지금은 병원 밖에서 언어치료와 언어재활사에 대한 인식은 많이 개선되어 가고 있지만 불과 몇 년 전만 하더라도 나는 '언어치료는 언어로 치료하는 거예요?'라는 어처구니없는 질문을 받아야 했다. 질문자가 내 지인 중 가장 똑똑하다 여겨지는 사람이었음에도 그런 식으로 생각되었던 것이다. 물론 그 와중에도 잘 설명을 하여 질문의 당사자도 잘 이해를 했지만, 설명하는 내내 '언어재활사를 무슨 마법사로 보나? 윙가르디움 레비오우사 해서 2낱말 조합이 확 튀어나오면 좋긴 하겠다.' 는 생각에 쓴웃음이 입가에서 떠나지 않았다. 아직도 갈 길이 멀다.

경력이 쌓이고 학부와 대학원 강의를 하면서 수년 전부터 점점 든 생각은 후배들이 훗날 '우리나라 언어병리학, 언어재활사의 위상이 왜 이렇게 낮은가요?'라고 물었을 때 내가 어느 위치에 있든 그 책임으로부터 자유로울 수 없겠다는 것이다. 그렇기 때문에 개인적으로는 임상에 계신 선생님들께서 진전사항들을 잘 기록하고 쌓아서 크든 작든 연구결과로 발표하였으면 좋겠다. 분야를 막론하고 임상에서 나온 살아 있는 언어병리학의 근거들이 양적으로 더 많이 쌓이면 연구종사자에게도 좋은 일이다. 연구와 임상은 결국 떼어놓고 생각할 수 없는 언어치료의 두 축으로 서로를 발전시키는 선순환 관계를 이루어야 하기 때문이다. 글을 읽는 분들 중에는 언어재활사에 대한 인식개선과 같은 거대한 변화는 개인이 아니라 협회나 학회에서 할 일이라 생각하는 분도 있을 수 있다. 그러나 임상에서 실질적인 경험들을 토대로 나온 연구가 쌓이는 것은 우리 분야의 양적, 질적 발전과 깊은 관련이 있다. 성과로 나타나는데 시간은 많이 걸리겠지만 결국은 개개인의 작은 성과가 모여 커다란 성과를 낼 것이다. 그래서 작은 결실을 독차지하기 위해 서로 소모적인 경쟁을 하기보다는 언어병리학 분야의 파이를 키워 대승적으로 공공의 발전을 꾀함이 바람직하다. 이것이 언어재활사에 대한 인식을 개선하는 정도(正道)라고 생각한다. 물론 처음부터 큰 성과로 이어지기는 어렵겠지만 임상에서의 작은 경험에서 출발하여 유관 학회의 학술대회에서 사례에 대한 포스터 보고와 같이 부담이 적은 것부터 용기를 내어 시작해본다면 시간이 지나 선순환의 고리가 만들어질 것이라 생각을 해본다.

3. 덕분에 꿈을 이루었어요!

막바지 무더위가 기승을 부리던 어느 날 아침, 스크린 도어와 지하철 문이 열리자마자 사람들이 우르르 쏟아져 나온다. 발걸음을 재게 움직이며 뛰듯이 걸어가는 사람들, 휴대전화로 게임을 하거나 유튜브를 보면서 느릿느릿 걸어가는 사람들, 뭐가 그렇게 즐거운지 수다를 떨거나 가벼운 장난질을 하면서 무리 지어 가는 학생들. 그들 사이에 섞여 나도 피곤함이 묻은 발도장을 꾹꾹 찍으며 출근을 하는 길이었다. 병원까지 가기 위해서는 환승을 해야 했기에 환승 승강장을 걷고 있을 때, 멀지 않은 곳에서 귀에 익은 목소리가 나를 불러 세웠다.

"선생님! 언어재활사 선생님!"

깜짝 놀라 두리번거리자 재차 부르는 소리가 들렸고, 그곳으로 시선을 돌리니 음성훈련을 함께 했던 환자가 서 있었다. 작은 체구로 자기 몸만 한 여행가방을 끌고 마치 춤을 추듯이 한쪽 팔을 휘저으면서 나를 향해 뛰어오고 있었다.

"어머! 어디 가시는 길이에요?"

"저 오늘 최종 면접 보러 가요!"

이 환자는 쇼호스트 지망생이었다. 처음 내원하였을 때, 성대 폴립(vocal polyp)이 생겨 음성변화가 심한 상태였다. 폴립의 크기가 큰 편이어서 후두미세수술을 먼저 받고 음성재활훈련을 진행하게 되었다. 정확한 발음과 적절한 말의 운율 및 강세 조절, 조리 있는 정보 전달력은 현직 쇼호스트라고 해도 될 정도로 훌륭하였으나, 음성 사용에 있어서는 교정해야 할 부분이 있었다. 이후 음성검사와 상담을 통해 다음과 같이 2가지의 목표가 정해졌다.

첫 번째는 적절한 음도 찾기였다. 평소 높은 음도로 말해왔던 환자는 본연의 음도에 대해 항상 궁금해 했고, 모의 홈쇼핑 프로그램 진행 스터디에서 높은 음도를 낮게 바꾸라는 피드백을 많이 받았다고 했다. 적절한 음도를 찾기 위해 실시간 음도변화를 확인할 수 있는 검사 프로그램인 RTP(Real-Time Pitch)를 이용하여 생리적 발성과 저, 중, 고음 연장발성 및 문단읽기 시의 음도를 체크하였다. 각각의 과제로부터 나온 측정값을 음계와 옥타브(octave), 세미톤(semitone)으로 표시한 후 환자와 함께 해당 음을 하나하나 듣고 따라하면서 가장 편하게 말할 수 있는 음도의 범위를 정할 수 있었다.

두 번째는 발성기관의 근긴장 이완 및 울림 있는 소리 만들기였다. 환자는 평소 조금만 말을 많이 했다 싶으면 목통증과 피로감이 많이 느껴지고, 목이 조이는 듯한 소리가 나왔다. 환자는 지금의 풍부함이 없고 가는 음성을 교정하고 싶다고 하였다. 그래서 요가와 필라테스 동작을 접목한 스트레칭과 후두마사지를 이용하여 외부 근육의 긴장을 완화시켰고, 반폐쇄성도기법에 속하는 훈련법(LaxVox 등등)과 공명음성치료(Resonant Voice Therapy), 챈트기법(chant talk technique) 등을 활용하여 음성훈련을 진행하였다.

야구선수가 자신만의 독특한 투구자세를 하루아침에 바꾸기 어려운 것처럼 발성습관을 바꾼다는 것은 쉬운 일이 아니다. 환자의 치료과정 또한 순탄하기만 한 것은 아니었다. 치료실에서는 감을 잘 잡다가도 집에 돌아가서는 머릿속이 백지가 된 마냥 치료내용을 까맣게 잊어버리거나, 치료실과 집에서 편안한 발성에 대한 감을 잘 유지하다가도 하루 이틀 연습을 하지 않아 감을 다시 잃어버린 적도 있었다. 심지어 치료실에서도 어찌해야 하는지 몰라서 당황한 적도 있었다. 기쁨과 좌절이 오락가락하는 시간들을 지나 차츰 안정적인 발성을 사용하는 데 무리가 없어졌다. 그래서 15회차 회기를 마지막으로 음성훈련을 종결했다.

발성방법을 바꾸어야 쇼호스트라는 꿈을 이룰 수 있다고 굳게 믿고 그만큼 열정적으로 음성훈련을 이어나간 이 환자는 치료종결 후에도 가끔 생각이 났다. 그런데 정말 우연하게도 나의 출근길, 그녀의 면접길에서 딱 마주한 것이다.

"오늘 선생님을 만나서 왠지 면접 잘 볼 것 같은 느낌이 들어요! 좋은 기운 받아서 꼭 합격 소식 전해 드릴게요!"

다음 날 아침, 내가 또다시 지하철 승강장 바닥에 피로(疲勞) 도장을 찍고 있을 때 휴대전화의 진동이 느껴졌다.

"선생님! 저 결국 S 홈쇼핑에 최종 합격했어요!"

그녀의 합격소식이었다.

"치료받으러 갈 때마다 긍정적인 에너지 주시고, 응원해 주신 덕분에 꿈을 이루었어요. 감사합니다!"

왈칵 쏟아지는 눈물을 겨우겨우 참으며 축하 메시지를 보냈다.

내가 가진 작은 지식 하나가 어떤 이가 걸어가게 될 꽃길을 만들어 줄 꽃씨 한 톨이라도 될 수 있다면, 나는 언어재활사라는 이 일을 오래오래 즐길 수 있을 것 같다.

4. 달리는 언어재활사

러닝을 시작한 뒤 오랜만에 만난 친구가 내게 말했다. "얼굴이 좋아 보인다. 행복해 보여!" 그 말에 기분이 좋아졌다. 최근 마라톤 대회에서 목표 기록을 달성해서인가? 아니면 전보다 일에 여유가 생겨서인가? 확실한 건 러닝이 내 삶에 큰 즐거움이 되었다는 점이다.

언어재활사로 일하고 있는 동료 선생님들과 만나면 여느 직장의 동료들처럼 다양한 이슈에 대한 이야기를 한다. 그중에서도 요즘 많이 나오는 이슈는 직장생활에 대한 현타이다. '현타'란 '현실 자각 타임'의 줄임말로, 에너지가 고갈되어 아무것도 하고 싶지 않은 순간을 말한다. 다들 직장생활을 하면서 한 번쯤 현타가 오는 순간을 경험했을 거라 생각한다. 현타가 오는 순간들을 들어보면 열심히 치료하는 환자의 진전이 미미할 때, 근로 조건의 열악함을 자각할 때, 일했던 공을 다른 사람이 가로챘을 때 등등 하나하나 열거하기엔 입이 아플 정도로 다양한데 그중에서도 내가 겪은 현타는 반복된 직장생활의 지루함 속에서 찾아왔다.

지속적으로 되풀이되는 검사와 치료 스케줄로 많은 시간을 병원에서 무기력하게 보내던 해가 있었다. 그 당시 퇴근 후 사람을 만나서 이야기하는 것조차 버거워 퇴근하면 집에서 쉬는 것 외에 아무것도 하지 않았다. 마치 배터리가 나간 휴대폰과 같았다.

무료한 생활을 보내던 어느 날 우연한 기회로 친한 언니와 함께 마라톤 대회에 참가하게 되었다. 10km 코스였는데 사실 중학생 때 이후로 달려 본 적이 없었던 터라 거리감도 없었고 시간이 얼마나 걸리는지도 몰랐다. 대회에 참가한 사람들과 동시에 출발하고 겨우 1km를 지났던 시점에서 숨이 턱턱 막히고 얼굴이 빨개졌다. 주위를 둘러보니 가쁜 숨을 몰아쉬는 사람은 나밖에 없었다. 꾸역꾸역 5km 반환점까지 뛰었지만, 심장이 터질 것처럼 쿵쾅거렸고 몸에서 계속 그만 뛰라는 신호를 보내서 더 이상 달릴 수가 없었다. 포기하고 싶을 때마다 '조금만 더'하면서 나 자신을 다독이고 걷고 뛰기를 반복하다 보니 어느새 10km를 완주했다. 완주 후 해냈다는 성취감과 무엇이든 할 수 있다는 자신감을 얻을 수 있었다. 몸을 좀 먹던 무기력을 떨쳐낸 기분을 고작 하루만 느끼는 거로 만족하고 싶지 않았다. 그래서 제일 먼저 러닝 크루에 가입했다.

나와 비슷한 러닝 페이스 크루원들과 함께 뛰면서 체력을 길렀다. 달리기를 하는 날이 많아지면서 기록도 향상되고 볼록 나온 뱃살도 줄어들었다. 나에게 맞는 취미를 찾아서인지 반복된 직장생활에서의 무기력증이 점점 사라지기 시작했다. 그렇게 점점 웃음도 찾고 일하면서 힘낼 수 있는 원동력을 얻었다. 그렇게 일과 라이프의 밸런스가 맞춰졌다. 이제 러닝은 내 삶의 활력소가 되었고, 그 덕분에 나의 무기력했던 시기를 극복할 수 있었다. 일하는 동안 권태감이 오는 건 누구나 겪을 수 있지만 그대로 방치하면 독이 되어 마음이 너무 괴로워진다.

사실은 요즘 매일 러닝을 하지 않는다. 러닝을 하는 날은 즐겁고 부정적인 생각이 사라져 건강해지는 느낌을 받는다. 내가 건강해야 치료받는 환자도 좋은 에너지를 받아 건강해질 수 있다고 생각한다. 오늘은 퇴근 후 바로 귀가하는 것이 아니라 편한 운동화로 갈아 신고 가까운 공원이나 산책로를 달리면서 지친 병원생활의 스트레스를 풀어보자!

5. 내 목소리를 찾기 위해

대학병원 음성클리닉에서 연구원으로 근무하던 시절에 있었던 일이다. 용모가 수려한 20대 후반의 여성 환자가 음성클리닉에 왔다. 외모와는 달리 그녀의 음성은 남성의 기본주파수와 유사한 120Hz 정도였다. 여성치고는 낮은 음도(pitch)를 산출하는 그녀를 보면서 왜 이렇게 음도가 낮을까 하는 의구심이 생겼다.

초기 사례력 평가에 따르면, 그녀는 10대에 골수기능 부전으로 적혈구, 백혈구, 혈소판 등의 혈액을 제대로 생성하지 못하는 재생불량성 빈혈(aplastic anemia)로 치료를 받았다. 그 과정에서 골수의 조혈기능을 촉진시키고 월경으로 인한 혈액의 손실을 막기 위해 남성호르몬제를 투약하였다. 신체의 성장이 활발하고 성호르몬의 영향력이 큰 10대에 남성호르몬제의 투약은 그녀의 신체가 여성화되는 것을 방해하였고, 이로 인해 후두의 크기가 일반 여성에 비해 커지게 되면서 남성과 유사한 음도를 갖게 된 것이다. 사회생활을 하는 동안 주변으로부터 '감기 걸렸어요?', '목소리가 왜 그래요?'라는 말을 항상 듣다 보니 스트레스가 너무 커서 여성의 음성을 갖고 싶다는 간절한 희망으로 이비인후과 음성클리닉을 내원하였다고 말했다.

남성음 장애(androphonia)는 일반적으로 여성이 기본주파수가 매우 낮은 음성을 말하는 질환이다. 남성호르몬 부작용이나 남성생식증후군과 같은 호르몬 장애에 의해 나타난다. 남성이 여성으로 성전환하는 과정에서 여성의 음성으로 전환하고자 하는 남성의 음성을 나타낼 때도 이 용어를 사용하기도 한다.

여성의 남성음 장애는 그리 흔하지 않기 때문에 이 환자와 같은 케이스를 임상에서 직접 대한 것은 처음이었다. 외모는 전형적인 여성이지만 목소리는 전형적인 남성의 목소리였다. 어떤 면에서는 본인만의 개성으로 보일 수도 있다. 그러나 남성 같은 목소리로 인해 말할 때마다 자신감을 잃게 되고 말하는 것을 회피하게 됨으로써 삶의 질이 심각하게 저하되었을 것이다.

이 환자의 경우 성대의 길이를 단축하는 수술을 진행하였다. 수술 2주 후에 음성클리닉을 다시 방문하여 음성평가를 실시한 결과, 기본주파수가 수술 전보다 약 45Hz가 상승한 165Hz로 나타났다. 일반적인 여성의 음성이라고 지각되는 200Hz보다는 낮았지만 환자의 수술에 대한 만족도는 매우 높았다. 이후 몇 주간 음도를 높여서 발성하는 음성치료를 진행해 약간의 음도상승을 보이긴 하였다. 완벽한 여성음으로 전환되지는 못 했지만 어느 정도는 여성의 음성으로 들린다는 것에 만족하며 돌아간 환자의 모습이 아직도 눈에 선하다.

자신의 성(gender)에 적합한 목소리를 갖지 못하는 사람들은 목소리로 인한 스트레스로 직장이나 사회생활의 어려움을 경험하게 된다. 다양한 원인으로 자신의 성에 맞지 않는 목소리를 갖는 경우들이 있다. 그중에서도 앞에서 언급한 환자의 문제를 매일 겪는 트랜스젠더를 생각하지 않을 수 없다

국내에서 법적으로 2000~2020년까지 성별정정이 완료된 트랜스젠더는 약 2,600명 정도이며, 한국보건사회연구원의 2015년 서울신문기사에서 인용한 보고에 따르면 국내 트랜스젠더 인구가 5~25만명 정도라고 한다. 이들은 신체 수술을 통해 여성이 되었지만, 목소리만큼은 본래 남성임을 감추기 어렵다. 트렌스젠더도 성대의 길이를 줄이거나 모양을 변화시키는 수술을 통해 목소리를 여성의 음도로 상승시킬 수 있다.

목소리는 성대진동에 의한 기본주파수 외에도 음질, 공명, 억양이나 말속도 등의 다양한 변인들의 영향을 받기 때문에 수술만으로는 자연스러운 여성음을 산출하기 어렵다. 변경된 성대 모양에 맞도록 인두강과 구강의 모양을 변형시키는 발성 훈련이 필요한 것이다. 즉 음성 언어재활사에 의한 음도상승 훈련 및 공명, 억양, 강도, 말속도 등을 조절하는 훈련을 통해 좀 더 여성스러운 음성을 산출하게 된다.

남성은 남성다운 목소리를, 여성은 여성다운 목소리를 가져야 한다는 사회적 인식은 자신의 성에 걸맞지 않은 목소리를 가진 사람들로 하여금 콤플렉스를 초래하여 자존감을 저하시키고 사회적응을 어렵게 만든다. 그러나 의학적 처치와 함께 음성치료를 통해 이들이 자신의 성정체성에 적합한 음성을 갖게 함으로써 사회에 당당히 적응하고 생활하도록 도울 수 있다.

우리 사회는 남성과 여성에게 고정적인 성 역할을 강요한다. 남성은 남성답게, 여성은 여성답게라는 분위기는 자신의 태어난 성별과 추구하는 성 정체성이 다른 이들에게 사회적 압박으로 다가온다. 나는 원하지 않았음에도 남성의 목소리를 가진 여성과 여성이 되고 싶은 남성의 고충을 조금 알 것 같다. 남성음 장애를 치료받았던 그 환자를 떠올리면서 음성 언어재활사가 성 역할로 인해 고통받는 사람들을 도울 수 있다는 점에 자긍심을 느낀다.

6. 함께 가면 멀리 간다.

'빨리 가려면 혼자 가고 멀리 가려면 함께 가라!'라는 아프리카 속담이 있다. 참 멋진 말이다. 혼자 무언가를 습득하고 프로젝트를 한다는 것은 어려운 일이다. 그러나 서로의 아이디어와 실력을 합친다면 성과는 더욱 크고, 우리는 더 넓게, 더 멀리 갈 수 있다.

임상을 하다 보면 학교에서의 나름 고됐던 전공지식 습득은 언어재활사가 겪을 경험의 빙산의 일각이라고 생각한다. 정말 학교에서 배운 건 정말 기초지식일 뿐이었다. 그 기초마저 없었다면 임상에서 더 심각한 결과가 예상된다. 충실한 학업생활은 앞으로 만날 환자에 대한 기본이다.

임상에서 환자가 치료되는 것은 참 보람찬 일이다. 환자를 만나게 되는 직업군 중 직접적으로 환자의 호전에 영향을 미칠 수 있다는 것은 큰 책임감을 갖고 임해야 하는 역할이다. 환자를 치료해 주고 건강하길 바라는 마음을 갖는다는 자체가 고귀하고 특별한 것이고, 보람찬 순간을 맛보기 위해 언어재활사 모두 사명감을 지니고 직업에 충실하고자 노력할 것이다. 하지만 어디까지 그 실력을 키울 수 있을지는 알기 힘들다. 그래서 함께 머리를 맞댈 동료들이 있고, 함께 갈 수 있는 사람들이 있다는 것은 행운이라고 생각한다. 특히나 내가 하고 있는 음성치료는 모든 사람이 나의 환자가 될 수 있으며, 환자들이 내는 소리는 다양하고, 그 소리는 무형하다 보니 더욱 힘들다. 환자에게 소리를 느끼게 하고 그 소리를 확신할 수 있도록 해주기 위해서는 이론이 아닌 실기로 내가 먼저 느껴야 한다. 치료와 관련된 많은 테크닉들을 이론과 자료를 통해 알고 있다 생각하지만, 막상 임상에서는 그것이 어떤 소리인지 어떻게 내는지에 대해서는 많은 치료사가 동상이몽을 하고 있는 경우가 많다. 각가지 발성 방법의 올바른 음성을 내기 위해서 각 치료사들이 발성 수준에 대해 편차를 줄이고 규준을 지향하는 치료를 하도록 노력이 필요하다고 생각한다.

이론 중심적인 교육과정을 지나 임상을 경험하는 과정에서 슈퍼바이저 없이 단독적으로 하다 보면, 자신이 맞는 방법으로 하고 있는지에 대한 의문을 해결하기가 힘들고 틀에 박힌 일만을 반복적으로 수행하는 수준에만 머무르게 될 수 있다. 임상을 한지 나름 오랜 시간이 흘렀지만 매번 새롭게 만나는 환자들이 각기 다른 증상과 상태를 보이고 있어 매일이 기분 좋은 긴장과 힘든 긴장을 함께 느끼는 나날의 연속이고 나를 시험한다. 이 자리에 있는 이상 계속해 내야 하는 것들이다. 험난한 이 길을 홀로 걷는 게 아니라 그 옆에서 같은 길을 가며 함께 해주는 동료 치료사들이 있어 참 감사하다.

동료들로 인해 왜 잘해야 하는지, 왜 배워야 하는지 신선한 자극을 받을 수 있었다. 환자를 만나는 일이 설렐 수 있다는 것과 치료사로서의 뿌듯함을 함께 공유할 수 있었기에 지금까지 이 일을 할 수 있었던 것 같다. 그리고 오늘 하루도 바쁘고 고된 병원에서 즐겁게 보내기 위해서는 어떤 마음으로 어떤 목표로 환자를 보면 좋을지 출근길에 생각한다. 지금보다 치료를 잘하는 치료사가 될 수 있도록 목표가 하나씩 있다면 분명히 원하는 그 위치에 서 있을 것이라고 확신한다. '큰 힘에는 큰 책임이 따른다.'라는 말이 있다. 먼저 앞서 나가고 있는 선배로서 이 글이 나와 같은 길에 서 있고 그 길을 가고 싶어 하는 후배들에게 힘을 주고 동기부여를 해 줄 수 있었으면 하는 마음이다.

7. 음성치료실 노래방

어느 추운 날이었다.

'똑똑'

할아버지께서 음성치료실 문을 열고 들어오셨다. 이분은 70세로 항암치료 이후 쉰 목소리 때문에 진료를 보았고, 노인성 후두(presbylaryngis) 진단을 받았다. 6회기 치료 후 증상이 호전되어 진료는 종결되었으나 음성치료는 계속 원하셔서 다른 과에 오실 때마다 음성치료실에 내원하고 있다.

"잘 지내셨어요? 목소리는 어떠세요?"

"잘 지냈지. 목소리는 좋아. 내가 매일매일 연습을 얼마나 많이 한다고!"

"매일 소리 연습하셨어요? 잘하셨어요."

"아침에 공원에서 운동하며 연습하고, 점심에 집에서 가족들 없을 때 연습했지. 이거 봐. 매일 몇 번 연습했는지."

할아버지께서는 나에게 종이 하나를 내밀었다. 그 종이에는 직전 음성치료 날부터 어제까지의 날짜가 적혀져 있었고, 날짜 옆에는 '正(바를 정)'자가 빼곡하게 줄지어 적혀 있었다.

"우와! 많이 연습하셨네요."

"그런데 녹화해 준 게 지워져서 연습하다가 이상해서 지난주에 전화한 거잖아."

"맞아요. 전화 잘 주셨어요. 오늘 목소리가 어떤지 확인하고 연습한 소리 들어볼게요."

나는 RTP(Real-Time Pitch)를 키고, 할아버지께 '산책' 문단이 적힌 종이를 드렸다. 그리고 두 문장을 읽어달라고 요청한 뒤, 할아버지의 입 옆에 마이크를 대고 할아버지의 소리를 녹음하여 저장하였다.

"처음 오셨을 때 목소리랑 오늘 목소리예요. 들어보세요."

나는 처음 목소리와 오늘 목소리를 비교해서 들려주었다. 처음과 오늘을 비교하여 들어보니 처음에 비해 확연하게 목소리가 좋아졌다. 할아버지께서 처음 음성검사실에 오신 날에 시행했던 음성검사 중 청지각적 평가인 GRBAS 결과는 G2R2B2S1 이었고, 발성 대부분에서 이중음성(diplophonia)이 나타나는 것이 특징이었다. 그러나 오늘은 G1B1 이고, 이중음성도 나타나지 않았다.

"아이고, 이 할아버지는 누구야? 허허. 저 때는 전화하기가 싫었다고. 전화 받기만 하면 어디 아프냐고 다들 물었는데, 요즘은 전화 받으면 다들 20년 전으로 돌아갔다고 한다고. 허허. 이 선생 덕분이지."

"아니에요. 연습을 열심히 하셔서 그런 거지요. 소리연습 어떻게 하셨는지 한번 들어볼까요?

할아버지께서는 숙제로 연습한 소리를 차례차례 내셨다. 흡기발성, 가성고음, 혀를 내밀고 구강개방하며 저음의 큰소리 과제를 알려드린 대로 완벽하게 잘 보여주셨다. 하지만 가성과 진성 중간의 특정 음역에서 가끔 음도일탈(pitch break)과 중간중간 긴장이 나타났다.

할아버지가 잘 발성할 수 있는 소리는 간단하게 연습하고, 더욱 안정적으로 자연스러운 발성을 할 수 있게 연습하였다. 다양한 방법 중에서 스케일(scale) 연습을 집중적으로 하기로 하였다. 내가 먼저 소리내면, 할아버지가 따라서 소리내셨다. 이렇게 나 한 번, 할아버지 한 번씩 번갈아 소리를 내자 할아버지의 목소리는 점차 내 목소리처럼 모든 음계에 소리가 실리기 시작하였다. 이 말은 연습 성과가 좋았다는 의미다. 할아버지는 45분간 연습을 이어나갔다.

"오늘은 여기까지 할게요. 이쪽 책상으로 와주세요. 오늘 연습한 거 적어서 뽑아드리고 다시 한번 하면서 녹화해드릴게요."

"벌써? 이제 막 신날 참인데."

큰소리로 연습한지 45분이 넘었는데 지치신 기색도 없고 얼굴이 더욱 활기차 보이신다. 큰 글씨로 소리 연습할 것을 적어 뽑아드렸다.

"자, 이 종이 보시면서 제가 하는 거 따라 해보세요. 핸드폰으로 영상 찍을게요. 아~아~아~아~아~."

"아~아~아~아~아~."

"다음은……."

"처음에는 꼭 녹화 보면서 제가 말씀드렸던 거 생각하면서 연습하셔야 해요. 예약한 날 뵐게요."

"아쉽네. 벌써 가야하다니. 여기는 병원이 아니라 노래방에 온 거 같잖아. 스트레스가 풀려. 다음에 보자고."

아무래도 내가 일하는 곳은 딱딱하고 적막한 병원이 아닌 소리로 스트레스를 푸는 즐거운 음성치료노래방인 것 같다.

병원, 치료실, 검사실이라고 하면 사람들은 회색빛의 적막하고 엄숙한 공간을 상상하기 마련이다. 병원에서 일하는 나조차도 이런 사람들의 상상이 터무니없는 비약이라고 생각하지 않는다. 그러나 치료실의 분위기는 치료사가 바꿀 수 있다. 나는 언제나 환자가 거리낌 없이 즐기면서 치료를 받는 공간을 만들고자 했다. 하얀 가운을 입었다고 엄숙하게 말하며 딱딱하게 환자를 대하라는 법은 없다. 마찬가지로 병원이 어려운 공간이라고 정해진 것은 아니다. 모두 사람이 하기 나름이다. 나는 이 글에서 병원을 재미있는 노래방으로 여기는 유쾌한 할아버님의 이야기를 했다. 내 치료실이 음성치료실이 아닌 노래방치료실이라고 불려도 환자가 편하게 여긴다면 환영이다. 노래방이면 어떻고, 가운 입은 광대면 어떠한가? 환자가 부담 없이 치료받을 수 있다면 또한 그 치료가 효과를 보인다면 치료사에게도 좋은 일이다. 후배들에게 묻고 싶다. 어떤 치료실을 만들고 싶은가?